たった10秒で入店率は決まる！

通行客を来店客に変える「店頭集客」

店舗活性コンサルタント　村越和子

同文舘出版

店舗の売上改善３つのSTEP

STEP 1　まず取り組むべきは、入店率の強化！

客数が増えれば、
売上は上がる！

☑ 入店率＝
入店客数÷店前通行人数

STEP 2　入店が増えたら、購買の対策

☑ 購買率を上げる＝
非計画購買層の来店客を増やすこと

STEP 3　顧客のファン化で、集客のサイクルをつくる

☑ 新時代の店舗づくりは、
「顧客をつくる」から
「ファンをつくる」へシフト

➡ 第1章1項

百聞は一見に如かず！
自店の見えにくさを知る「顧客視点確認法」

Before　　　　After

入店率が前年比 128% を達成！（大阪・DADWAY なんばパークス店）

➡ 第 2 章2項

店頭改善の基本中の基本！
「２つの観測地点®」から撮影しよう

第１観測地点

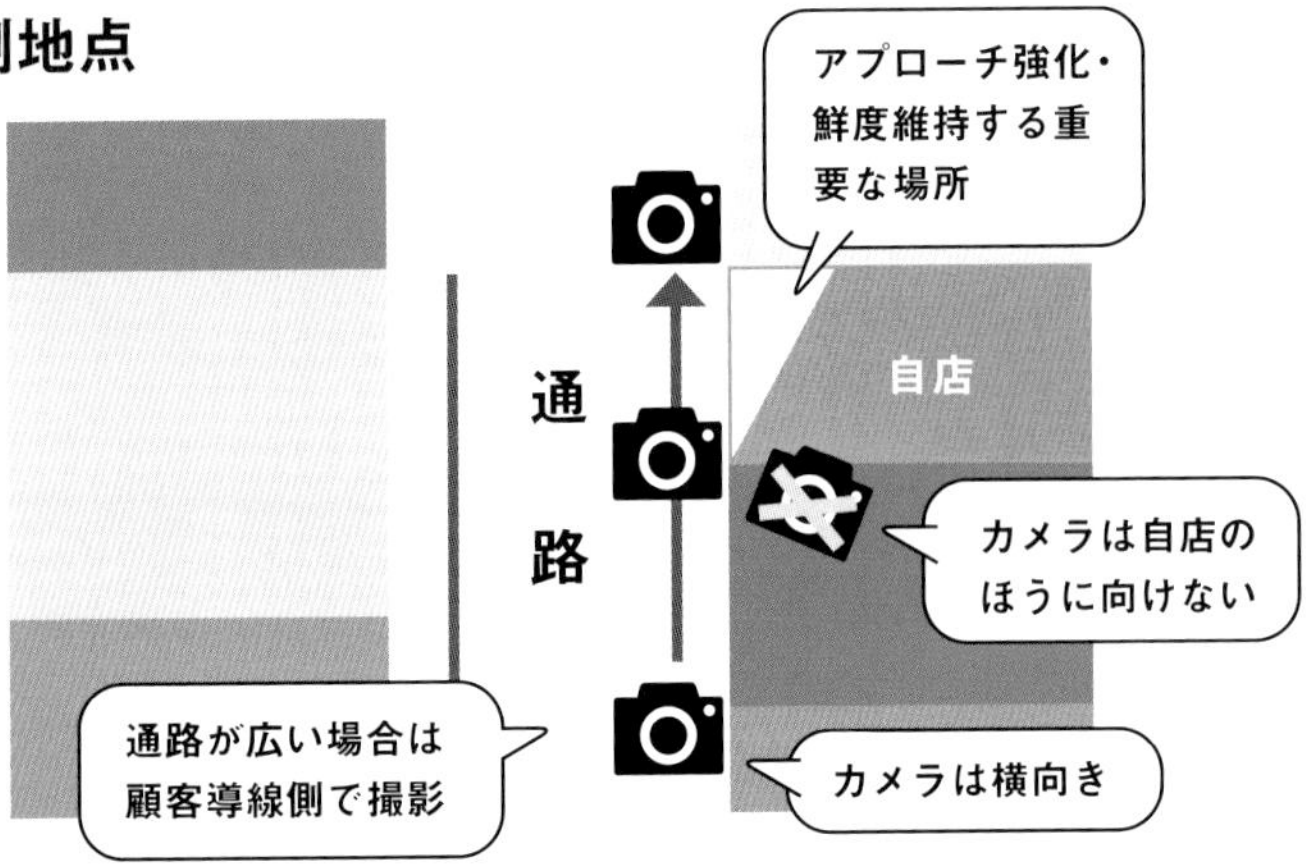

第２観測地点

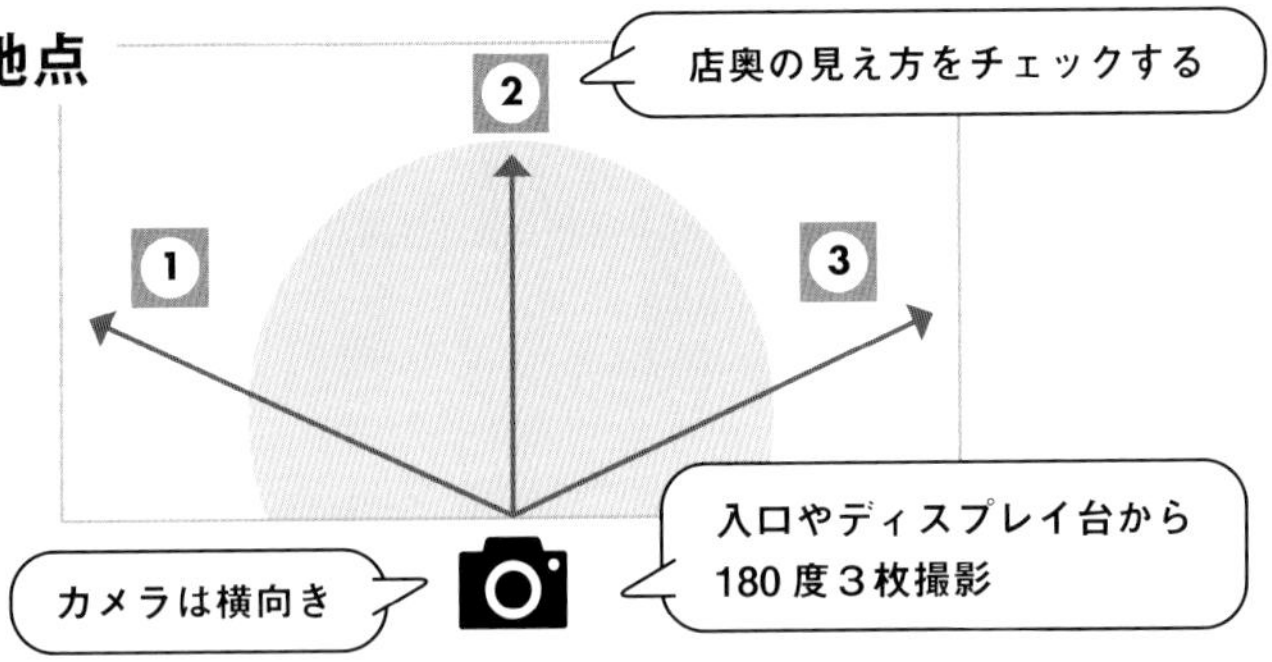

180度①左斜め撮影

180度②正面撮影

180度③右斜め撮影

（横浜・カランドリエ）

➡ 第２章4・5項

通行客を逃さない！
店前導線を見極めよう

ショッピングモール内の回遊導線（メイン）

ショッピングモール内の回遊導線（反対側）

商店街の通行導線（駅に向かう側）

商店街の通行導線（駅から目的地に向かう側）

➡ 第２章７項

お客様と商品の目が合う！
商品を正対させて「歓迎感」を伝えよう

Before

After

什器やマネキンを通行客に正対させて、コーディネート提案をアピール
（愛知・ikka THE BEAUTIFUL LIFE GREEN STORE イオンモール常滑店）

➡ 第3章2項

お店のブランド力もアップする！
店頭を色統一して認知度を高めよう

Before

After

のれん・フロアマット・のぼり・A 型看板すべてを屋号と同じ色に（戸越銀座・坂井市アンテナショップ）

➡ 第 4 章 3 項

セットバック店舗でも集客できる！「レッドカーペット効果」を活用しよう

Before　　After

ロゴ入りのフロアマットで通行客を誘因（横浜・カランドリエ）

➡ 第４章７項

衝動買いを引き起こす！「多重配置法」で店奥に誘引しよう

おすすめ商品を繰り返し展開して PR
（千葉・ハウス オブ ローゼ 柏高島屋ステーションモール店）

➡ 第５章４項

はじめに

本書を手に取ってくださり、ありがとうございます。

私は、店舗活性コンサルタントとして、小売業、飲食・サービス業、卸売業、農業、百貨店、アウトレット、ショッピングモール、中小独立店に至るまで、全国1万6500店舗以上を訪れ、売り場改善などのアドバイスをしてきました。リピート率90％以上の実践型コンサルタントとして、全国を飛び回る日々を送っています。

私は主にVMD（ヴィジュアルマーチャンダイジング）といって、リアル店舗の商品やサービスのプレゼンテーション（商品構成、販売方法など）を最適化し、そのマーケティング施策を戦略的に講じる仕事をしています。簡単にいってしまえば、顧客を引きつけ、関心を持たせ、購入に向けて動機づける売り場づくりのことです。

このVMDは、「売りに直結する売り場づくりの手法」であり、物販店だけに限らず、飲食・サービス業にも対応しているので、やらない手はないと思っています。

実際の現場でVMDを用いて売り場を改善するのですが、その前に私が必ず行なうルーティンワークがあります。それが、本書でお伝えしている**「自店の見え方」を確認し、入**

店アプローチを強化する方法です。お金をかけずに誰でもできる方法ですが、これを事前にするか、しないかでは、得られる成果の幅は大きく異なります。

「自店に合う集客方法がわからない」「思うように客数が伸びない」など、安定した集客を実現できずに悩んでいる店主・店長は少なくないでしょう。店舗運営において、「集客力を高めて売上を伸ばし、安定した経営をすること」は永遠の課題です。本書でお伝えする、入店率アップを叶える「店頭集客」は、多くの店主・店長の悩みを解決に導く大きな一歩となるはずです。

立体看板に大爆笑！「大阪ミナミ道頓堀商店街」

そんな私が、売り場改善一筋となったきっかけは、サラリーマンを辞めたときのことでした。ショッピングモール専門のコンサルティング会社を退職して向かったのは、大阪。この旅で訪れたひとつが「大阪ミナミ道頓堀商店街」でした。

道頓堀商店街では、衝撃の光景が広がっていました。地元の人以外の通行客のほとんどが、「空」を見上げて歩いていたのです。見上げた視線の先には、巨大なカニやら、フグやら、寿司やらのド派手な看板。ユニークな看板の数々に埋め尽くされている様子に圧倒されながら、「ここは天空エンターテインメントだね！」と大爆笑して歩いた記憶があります。

それだけではありません。各店舗のワゴンやハンガー什器、A型看板などの販促物が隣の店舗より一歩前へ一歩前へとリースラインの攻防戦が繰り広げられ、のぼりはスタンドに垂直ではなくアジアの国で見かけるベランダの洗濯物干しのように、斜めに通路へ突き出して重なり合うように設置されています。

通行客は、自分の目線の高さから見える「看板」「のれん」「のぼり」「A型看板」などの情報を見て、入店するか、しないかを判断するもの。そう思い込んでいた当時の私は、とにかく通行客に「うちの店に気づいたって〜！」と言わんばかりの大阪の販促アプローチに衝撃を受けました。

そのことを大阪の友人に伝えると、「こんなん日常茶飯事やで。そんなんをずっと見ていたあんたのほうが変わっとるわ」の一言。

これがきっかけで、私は〝売り場改善オタク〟の道を歩むことになったのです。

入店率が上がると、売上が上がる！

今はどの業種業態の店舗も、値上げの波や人材不足、顧客の高齢化、地域の過疎化などの厳しい状況で、さまざまな売上アップの施策を講じていることでしょう。

「客数を伸ばしたい」「集客力をアップしたい」「売上を向上させたい」「販路を拡大したい」……そんな想いから、手を変え品を変え、がむしゃらに販促しても、お客様が来店してくれない、売上が上がらないと悩む店主・店長の方々の姿をこれまで数多く見てきました。

売上をアップさせるために注目すべきポイントは、

- **「どれだけお客様が入るか（入店率）」**
- **「どれだけ購入してもらえるか（購入率）」**
- **「商品の単価」**
- **「セット商品」**

です。

そして、これらの中で**最も伸ばしやすいのが、本書でお伝えする「入店率」**です。

購入率は、店長やスタッフの接客力や売り場力などによる部分が大きく、一人ひとりのスキルを上げなければなりません。

商品の単価やセット商品は商品力に左右されるため、売上を上げるとなると、商品自体を変更する、または新たに商品開発をするなど、コストや時間を要します。

そう考えると、「入店率」は店舗で取り組みしやすく、商品開発などと比べると短時間で成果を実感することができるのです。

“自走”できる店頭集客を目指そう

それでは、どのように改善を行なえばいいのでしょうか。

入口に興味を引くA型看板設置をする、明るい雰囲気に見えるようライトアップする、入店しやすいように入口のスペースを確保する、周辺の店舗と比較しておしゃれな外観を目指す、目玉商品をディスプレイで見せる……といった施策を店主・店長にお伝えしても、「忙しい」「予算がない」という理由で、なかなか実行できないのが現状です。

なかには、「わかった、とりあえずやってみるよ」とすぐに実行に移してくれる店主・店長もいますが、実際にできあがったA型看板を見てみると、遠くから見えない、情報量が多すぎる、記載内容が不足している、色が店や商品イメージと合っていないなど、せっかくやる気になって作成してもらっても、効果は得られなかった……という事態が起きてしまいます。

A型看板は、ただ設置すればいいというものではありません。文字の選び方からキャッチコピーのつくり方、設置の方法に至るまで、ポイントを押さえたものにして初めて入店率は上がるのです。

本書では、**リアル店舗の「店頭集客」に特化**して、私がこれまで4万3000人以上の店主・店長・スタッフに実際にアドバイスし、現場で改善して即成果の出た入店率アップのノウハウのすべてを惜しみなくお伝えします。

店主・店長を中心に、店舗のスタッフみんなで改善できるよう、できるだけわかりやすく、実際の事例や写真、図解とともに説明しています。

理想は、コンサルタントに頼らなくても集客・売上アップできるようになる**〝自走〟型の売り場改善**です。

まずは簡単に取り組める第2章と第3章だけでも試してみてください。きっとこれだけでも変化を実感していただけるはずです。

リアル店舗の店頭集客の教科書として、本書が少しでもあなたのお役に立つことができれば幸いです。

店舗活性コンサルタント　村越和子

CONTENTS

たった10秒で入店率は決まる！
通行客を来店客に変える「店頭集客」
目次

巻頭

CONTENTS

第2章 通行客を入店客に変えよう！自店の見え方を確認する方法

第3章 お金をかけずにすぐできる！入店アプローチ7つの方法

CONTENTS

第4章 入店率が120％アップする！店頭販促物の使いこなし方

第5章 入店客を店奥へ誘引する！売り場のつくり方

第6章

入店率は高めて終わりじゃない！「ファン化」につなげるヒント

第7章
入店率の改善だけで驚きの成果！店も人生も変わった成功事例

第8章 「集合体」で集客力アップを目指す！新時代のファサード

装幀・本文ＤＴＰ／池田香奈子

※本書に掲載されている事例・画像は取材当時のもので、
現在の情報や外観等と異なる場合があります。

第1章

入店率が上がれば売上が上がる！繁盛店に必要な「店頭集客力」

1

店舗の売上改善3つのステップ

売上改善は着手する順番が大事

店舗では日々売上を上げるために、接客、チラシ、広告、イベントやキャンペーン、新商品の仕入れなど、さまざまな取り組みをしているでしょう。それはどれも正解なのですが、時間も費用も限られる中、闇雲に努力しても効果が出ません。

大切なのは、その順番。店舗の売上改善は、次の3つのSTEPで行なうことをおすすめします。

STEP1 入店率の強化

入店率は、**「入店客数÷店前通行人数」**で算出します。

自店の前を通った人のうち、どのくらいの割合の人が入店したかを示す指標です。

あなたの店にどんなに素晴らしい商品やサービスがあったとしても、通行客に店内に入ってもらえなければ、それを知ってもらうことはできません。当然、買ってもらうこともできません。売上を改善するためには、まず入店してもらわなければならないのです。

STEP2 購買の対策

消費者の購買行動には、「計画購買」と「非計画購買」があります。購買率を上げるとは、この**非計画購買層＝衝動買い**の来店客を増やすことです。

衝動買いを増やすために必要なものは、売り場のわかりやすさです。どこに何があるのかひと目で探せるか、必要なものに気づいてもらえるかがポイントになります。

滞在時間を伸ばし、できるだけ店内を回遊してもらうために、POPなどの販促物を適切な場所に、適切な数量を設置しましょう。価格訴求より価値訴求で来店客を喜ばせる提案ができると理想です。

STEP3 顧客のファン化

キャンペーンやイベントなどの販促施策を一過性のもので終わらせてはもったいない。中長期的な施策を行ない、せっかく来てくれたお客様を大切に育てましょう。

新時代の店舗づくりは、**「顧客をつくる」**から**「ファンをつくる」へシフト**することが必須です。

売上アップを実現する３つのSTEP

STEP 1 まず取り組むべきは、入店率の強化

客数が増えれば、
売上は上がる！

- 入店率＝入店客数÷店前通行人数
- 1日たった1人でも来店客が増えれば、1カ月、半年、1年後には大きな売上になる

STEP 2 入店が増えたら、購買の対策

- 購買率を上げる＝非計画購買層の来店客を増やすこと
- 衝動買いを増やすためには、どこに何があるのかひと目で探せるか、必要なものに気づいてもらえるかがポイント
- POP や販促ボードの設置で価値訴求をして、来店客を喜ばせる提案をしよう

STEP 3 顧客のファン化で、集客のサイクルをつくる

- ファンを大切にする考え方をベースにした、中長期的な施策が重要
- 新時代の店舗づくりは、「顧客をつくる」から「ファンをつくる」へシフト

2

「ファサード」を見直すだけで入店率がアップする！

入店が増えるファサードとは？

私はこれまで延べ5000店舗以上の売り場改善をアドバイスしてきましたが、90％以上の店舗で成果を上げてきました。その最大の理由が、**「入店率の強化」を何よりも優先したから**です。

「店の前は人が歩いているけど、うちの店には全然入ってくれないんだよ」と嘆く店主・店長の声を、これまでたくさん聞いてきました。通行客が通りすぎていくのを、ただ指をくわえて眺めているなんてもったいない！　1日たった1人でも来店客が増えれば、さらに、その1人がリピートしてくれるようになれば、「ちりも積もれば山となる」で、1カ月後、半年後、1年後には大きな売上につながるのです。

この当たり前をないがしろにして、購買の施策ばかりに注力している店主・店長は意外にも多いのです。

「入店率」に着目して改善を行なった事例

「こどもとワクワクする毎日を」をスローガンに、ベビー・キッズ製造販売、輸入代理店、卸業を営んでいる株式会社ダッドウェイ様より、年末年始商戦に向けて、入店率の強化を行ないたいというご要望をいただきました。全店の店長会で研修を行ない、その後、入店率を改善したい直営店5店舗のファサード改善を行なった結果、たった数カ月で前年比10％といった成果が表れました。

ここ数年は、日本全国、どこも人材不足に悩まされ、思うように売上施策を講じる時間が確保できず、シフトを埋めてオペレーションを回すのが精一杯な店舗も少なくないでしょう。ショッピングモールや商店街のフランチャイズ店では、人材不足が理由で店を閉店せざるを得ない状況が続いています。

そんな店舗にこそ試していただきたいのが、本書でお伝えするファサード改善による入店率の強化です。**入店率が上がれば、売上が上がる**。即効性があり、早期の成果が実感できる具体策をお伝えしていきます。

ダッドウェイ直営店5店舗の実績

入店率改善実施店舗の状況

関東3店舗（2023年11月～2024年2月実施）

①みなとみらい　前年比106%
②さいたま　前年比120%
③海老名　前年比93%

関西2店舗（2024年1月～2月）

①なんばパークス　前年比128%
②阪神　前年比124%

全店舗の前年比110%！

株式会社ダッドウェイ
https://www.dadway.com/

全5店舗で実施した改善は、主に以下の7つ。

①店前導線の見極め
②通行導線からの見え方を確認
③通行量の多い導線の方へアプローチ
④入口間口を広く確保
⑤平台ディスプレイから見える店奥棚上段の視認性を高める
⑥主力商品の展示強化
⑦店内の回遊導線を調整

成果を上げるためには、まず①②をしっかり行なうことがポイント!

3

入店率が高い店のファサード5つの条件

ファサードは店の「顔」

店頭でまず目に入るのが「**ファサード**」です。「ファサード」とはフランス語で建物の外観や正面を意味します。店で最も通行客の目に触れる部分です。

ファサードを構成するものは、店の色やデザインのみならず、看板、のぼり、のれん、照明、メニューボード、ディスプレイなどが含まれます。

店舗の「顔」ともいえるファサードは、店頭集客において重要な役割を担っています。ファサードは、店舗が「ここにあります」という存在を示し、その店舗のイメージやコンセプトを伝えるものです。顧客にどのような商品やサービスを提供する店舗なのかを一瞬で伝えなければなりません。

ファサードは通行客から見えていない？

商店街やショッピングモールには、自然にお客様が吸い込まれていく店とそうでない店があります。

ショッピングモールでは目的のない**「ぶらり客」が9割**といわれています。

例えば、飲食店を探している人がいるとして、そのすべての人がファサードをよく見ているとは限りません。そのため、ファサードは、通行客の目に一瞬でとまり、どのような店舗なのかを直感的に伝えられる要素が含まれていると理想的です。

あなたの店舗は、通行客が思わず入りたくなる集客力の高いファサードかどうか、次の5つの条件を確認してみてください。

①何屋かひと目でわかる
②店内の様子がわかる
③遠くからでもわかる
④入口間口が広い
⑤入口周辺の演出をしている

これらは、私が支援先への初回訪問時に確認している項目です。初来店客との接客の会話の中で、なぜ自店へ入店したのか、お伺いしてみるのもいいでしょう。

ファサードの種類

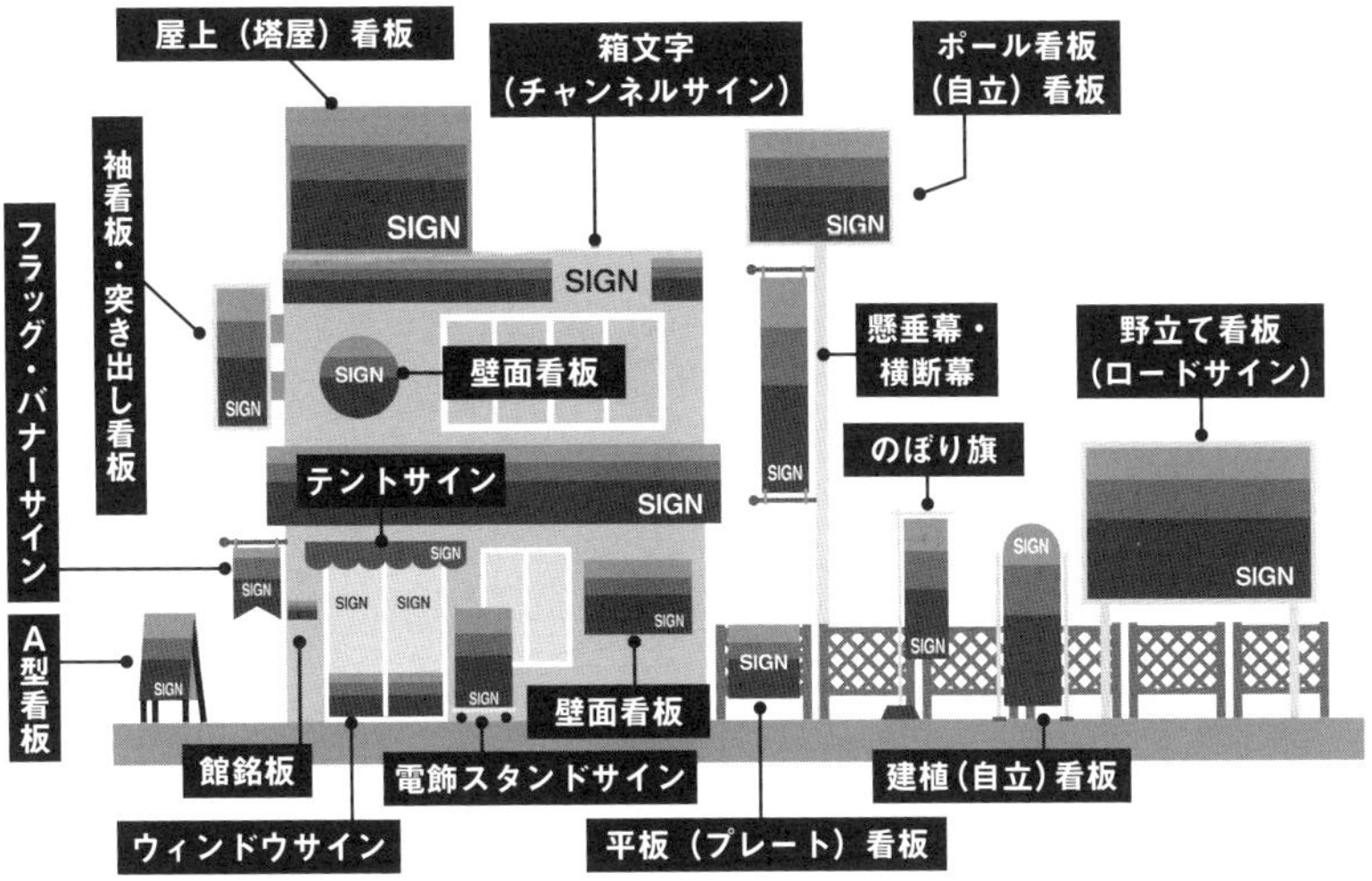

顧客が店舗の存在に気づき、自店へ誘導する「ファサード」には、さまざまな種類がある。

集客力の高いファサード５つの条件

①何屋かひと目でわかる
②店内の様子がわかる
③遠くからでもわかる
④入口間口が広い
⑤入口周辺の演出をしている

4

入店率の高いファサード①

何屋かひと目でわかる

店頭の情報が多すぎないか？

それでは、通行客が入りたくなるファサードの条件について、1つずつ詳しく説明していきましょう。

まず1つめの条件は、「何屋かひと目でわかる」ファサードになっていることです。

通行客は入店を判断する際に、業種業態や商品・サービスの内容、価格帯、雰囲気などを含めた店のコンセプトに含まれる情報を必要とします。

例えば飲食店の場合では、

- **和食、中華、洋食、エスニックか**
- **女性向けか、男性向けか**
- **子連れでも入って問題ないか**
- **自分の予算に合っているか**
- **飲み会向けか、デート向けか、女子会向けか**
- **会食で使えるか**

など、店のコンセプトがひと目でわかるかどうかがポイントとなります。入店率が悪い店ほど、店頭の情報量が多いという特徴があります。

店内が見えなくなるほどのポスターが窓ガラスいっぱいに貼られている、大型メニュー看板が複数枚ひしめき合って設置してある、物販店ではセール品のワゴンやハンガー什器が必要以上に出ている……など。

左ページをご覧ください。このお店は3秒で何屋かわかりますか？　居酒屋ですか、ラーメン屋ですか、または、中華料理店ですか。

正解は、「麻婆豆腐の専門店」です。もし、あなたが友人や家族と食事をする店を探していたとしたら、入店を即決しますか？　それとも素通りして、他の店を引き続き探しますか？　おそらく大半の通行客は後者でしょう。実際は、辛いものが好きな人にもおすすめの本格的な麻婆豆腐が食べられる店だったとしても、安心して入店することは難しいように感じます。

店のコンセプトや個性を明確にし、それに沿ったファサードづくりが集客力アップの第一条件です。

3秒で何屋かわかるファサードか？

【改善案】

- **販促ツールの設置数は2つまで**
- **重複している販促ツールはどちらか一方にする**
- **主力商品がひと目でわかるようにする**
- **販促ツールの1つは麻婆豆腐だけの写真パネルに変更**
- **ランチの看板は片づける（夜営業の場合）**
- **花は店舗のイメージに合わないため撤去する　etc.**

5

入店率の高いファサード②

店内の様子がわかる

店奥まで見えると入店しやすい

通行客が「この店よさそうだな」「入ってみたいな」と判断するファサードの条件のひとつが、店内の様子が外からわかるかどうかです。店頭と店内の境界線が感じられないファサードは、新規来店客の入店ハードルを下げる効果があります。

具体的な方法として、路面店は、ガラス張りにして窓を広くする、オープンテラスを設置する、扉に窓をつける、ガラスのドアに変えるなどの方法があります。

ドアを変えられない場合は、木の温かみのある塗料やドラえもんの「どこでもドア」のように明るい色に塗り替える、店内の様子を店頭に設置したデジタルサイネージに映す、写真つき販促パネルで店内の雰囲気を伝えるといった方法なら、あまり費用もかかりません。

いずれの方法も難しい場合は、入口のドアを開放しておく、のれんを一部めくっておくだけでも効果は期待できるので、試してみてください。

インショップは、平台や入口から店奥に向けて什器が高くなるように配置できると、店内・店奥の見通しがよくなります。競技場のスタジアムのすり鉢型をイメージするとわかりやすいかもしれません。その際、店奥の景色を妨げるような吊りPOPや店頭幕はできるだけ最小限にしておくことをおすすめします。

例えば、店奥の壁面に商品のディスプレイや商品の販促パネルなどがあると、入店喚起につながります。

昼間でも明るさに注意しよう

特に路面店で見かけるのが、店内の様子がわかる以前に、店頭の「明るさ」が不足しているという光景。暗いことで営業中なのか判断がつかず、せっかく店の近くまで来た来店客を逃してしまうかもしれません。

意図的に入りづらくしている会員制などのクローズド店舗の場合は別ですが、多くの通行客に来店してもらいたいと願う店舗なら、夜でも昼間でも明るさは意識しましょう。

店内の様子がわかるガラス張りの店

駐車場からでも店内の雰囲気が
伝わってくる湯豆腐店（神奈川・
十二庵）

大きな窓ガラスは店内が
見えるので、安心感が生ま
れる（東京・タタタハウス）

6

入店率の高いファサード③

遠くからでもわかる

まずはお客様に見つけてもらうことが大事

多くの店主や店長は、「この辺の人は、みんなうちの店のことを知っているよ」と当たり前のように言います。でも、ファサードを改善した途端、お客様から「この店、いつできたの？」「この店、前からあった？」なんていう声を耳にするケースが少なくありません。

店主や店長が思っている以上に、**店の存在を知らないという通行客は実は多い**のです。裏を返せば、見込み客はまだまだいるということになります。

最近、タレントや芸人がバス旅をしながら観光地で飲食店を探すテレビ番組を見かけます。「何か看板はないか」「のぼりはないか」「飲食店っぽい建物はないか」など口にしながら歩いています。この場合は意識的に「探そう」としているので、見つかる可能性は高くなります。

一方、一般の通行客は多くの場合、無意識的に歩いているので、素通りされてしまうということを認識しましょう。自店の存在を知らない見込み客に見つけてもらうために、まず次のことを確認してみましょう。

・**路面店の場合：**30m、15m、5m手前から店の看板やサインが確認できるか？

例えば、進行方向の目線には**袖看板（突き出し看板）**があると有効です。建物の壁面から突き出して設置できるため視認性が高くなり、階層が上の店舗でも見つけてもらいやすくなります。

・**ショッピングモールなどのインショップの場合：**2テナント前（15m）、1テナント前（3～5m）から確認できるか？

直前で店が認識できるより、少しでも遠くから認識できるほうが、入店の可能性は高くなります。通行客は基本的に進行方向を見ているため、看板を進行方向と平行に設置してしまうと、見逃してしまう可能性があります。

自店を素通りさせないためにも、まずは「ここにうちの店があるよ」とわかるように看板設置などが必要です。具体的な改善方法は、第4章で詳しくお伝えします。

通行客の目を引くファサードの工夫

Before

After

A 型看板や店頭ディスプレイで遠くからでも目にとまりやすい
（東京・WE ARE THE FARM ららぽーと豊洲店）

7

入店率の高いファサード④

入口間口が広い

お客様を歓迎する入口になっていますか？

新規のお客様を呼び入れるための店の入口。「入口間口を広げる」とは、通行客に店の「歓迎」の気持ちを伝えるのと同じ意味合いがあります。

間口が広ければ広いほど、明るくオープンなイメージが伝わり、入店率が高くなる傾向があります。

例えば、ベビーカーを押したり、お子さんと手をつないだり、買い物カートを引いたりしている方にとって、間口が狭いという理由だけで無意識に入店を拒んでしまいがちです。これだけで入店の機会損失になりかねません。

入口間口の目安

入店しやすい入口間口の広さの目安は、店舗の規模によって異なります。

- **大型店の場合：**入口間口や通行幅が150～200cm確保できるだけで、店頭誘引力がアップします。
- **狭小店の場合：**入口間口や通行幅が120～150cm確保できると望ましいですが、少なくとも90cm以上は必要です。

優先すべきは見通しのよさ

特に狭小店は、面積に対して什器や商品量が多くなりがちです。

そこで、入口間口を狭くしている要因となる商品カゴやワゴン、回転什器や販促ツールなどはできるだけ撤去し、店奥へ移動するか処分をしましょう。

どうしても処分ができない場合は、苦肉の策として、店奥になるにしたがって什器や商品のボリュームが増えていくように、店内をコントロールしてください。

何より優先すべきは、入口間口を可能な限り広く確保すること。まずは明るく見通しがいい店頭に改善することから始めましょう。

広い入口間口の改善例

Before

After

すべてを通行導線に向けて入店しやすくなった（神奈川・保険クリニック 川崎アゼリア京急口店）

入店率の高いファサード⑤

入口周辺の演出をしている

コンセプトに合った演出をしよう

とある地域の事業所支援をしていたときのことです。店前に、不自然にベンチが置いてある店が増えていることに気づきました。

商工会議所の経営士の方に聞いてみると、中小企業診断士の先生に「集客の悪い店は店頭にベンチを置くとい い」とアドバイスを受けたそうです。

確かに、入店率を上げるには、通行客を素通りさせないために、ベンチや花を設置するといった演出は、通行客の足を止め、視認性を高める効果があります。

しかし、大切なのは**店のコンセプトに合った演出であるということ**。ベンチの設置もコンセプトに合っていれば効果的だと思いますが、どの店もそれでいいというものではありません。

いくつか、業種ごとの演出事例を紹介しましょう。

物販店

- **マネキンを設置しディスプレイする（衣料品）**
- **自転車や旅行バッグ（アウトドア・古着屋）**
- **木製の積み木や象などの動物（子供服）**
- **ビビッドな色の傘を差す（雑貨）**

飲食店

- **木箱に朝どれ新鮮野菜（無農薬レストラン）**
- **釜（おにぎり専門店）**
- **産地のわかる酒瓶と杉玉（居酒屋・寿司）**
- **ワイン樽とワインの空瓶（イタリアン）**
- **紹興酒の甕や唐辛子（中華・四川料理）**

サービス店

- **企業マスコットのぬいぐるみ**
- **屋号カラーの風船で色のかたまり**
- **シンボルツリー（共通）**

こういった演出は、通行客の目にとまる効果だけでなく、人の記憶に残す役割もあります。店名はわからずとも、「うさぎのお店」「赤い傘のカフェ」というように、演出で店を思い出してくれたりするのです。

入口周辺の演出アイデア

無農薬レストランの「ドロ付き野菜」

雑貨店の「レトロな自転車」

四川料理店の「赤いうさぎのオブジェ」（通行導線から）　（正面から）

子ども服店の「マルシェワゴン」と「子どもイス」

雑貨店の「キャラクターのオブジェ」

Column ❶

コンサル屋がツアコンをやっている?

私が代表を務めるファンクリエイションのコンサルティングメニューには、**「売り場づくりツアー」「商店街ツアー」「展示会視察ツアー」**の３つのツアーがあります。

売り場づくりツアーは、ショッピングモールなどで、店長やスタッフを対象に通行客の導線から自店はどの位置から見えているのか、または見えていないのかを俯瞰して確認したり、正しい撮影法を学んだり、10分で入店改善を行なったりする体験学習型のツアーです。

商店街ツアーは、コロナ禍の中で、日本初の商店街オンラインツアーを公益社団法人 商連かながわと共同開催。リアル店の新たな販路拡大の起爆剤になればとスタートしました。個店の魅力が伝わり商店街の集客につながることを目的に年に数回開催しています。

展示会視察ツアーは、展示会に出展するメーカーや、商工会連合会として参加する小規模事業所や個店で出展する事業所に対して、ブースの立ち寄り率が向上し、商談につながる失敗しない出展ブースのつくり方などを、実際の展示会を視察しながら学んでもらうものです。

これらのツアーが誕生したのは、私が学生時代に３年間、「はとバス」でツアーコンダクターのアルバイトをしていたことがきっかけです。

売れる売り場づくりについて学んでも、再現できなくては意味がありません。そこで、私にとって当たり前の習慣になっていた店舗視察が、売れる売り場づくり実践のヒントになるかもしれないと思い、ツアー型の研修を始めたのです。

これまで、参加した皆さんが「今すぐ実践してみたくなる!」とやる気を高める姿を何度も見てきました。そんなツアーのご案内は、ファンクリエイション公式 Instagram、Facebook で告知していますので、ぜひチェックしてみてください。

第2章

通行客を入店客に変えよう！自店の見え方を確認する方法

1

あなたの店は見えていない!?

店頭まで通行客を誘導する「発見されやすさ」

第1章でも述べましたが、ほとんどの店主・店長は自店の看板や入口が「見えている」と錯覚しています。店主にとっての「店が見える」と、通行客にとっての「店が見える」は全然違います。通行客は視界に入っていても「見ている」と知覚していないのです。

目で見通すことのできる範囲を「**視認性**」といいます。この視認性の原理原則は、

・どの位置から見えているのか
・どんな状態で見えているのか
・どこが見えているのか

です。

視認性が悪いからといって、立地を変えることはなかなか簡単にできるものではありません。

売上を上げるために、現在、自店の置かれている立地上でなすべきことは、**看板や販促ツールで店舗の視認性を改善すること**です。

自分が思っている以上に見えていない

まず、自店の視認性を確認することから始めましょう。

例えば路面店の場合、店舗から100m離れた道路に出て、車を運転する目線の高さで確認をしてみる。確認する際は店側の車線だけでなく、必ず対向車線でも確認する。商店街やショッピングモールなどのテナントは、店舗から15m離れた位置から、通行客の目線の高さで観察する。通路が広い場合は、対向する通路側からも念のため確認する。

そうすると、近隣の店舗や看板、道路の街路樹や陸橋、電線や電柱、イベントの販促物など多くの障害物が、自店の視認性を妨げていることに気づくでしょう。目で見るより、写真撮影してみると、よくわかります。

店が見えていないというのは、それだけで入店の機会損失になってしまいます。そこで、自店がどんな要因で見えていないのかを確認していきましょう。次項から詳しく解説していきます。

自店の「発見されやすさ」を確認しよう

ごちゃごちゃしていて、ピンポイントで看板を認識しにくい

視認性の確認方法

どの位置から
見えているのか

どんな状態で
見えているのか

どこが
見えているのか

路面店の場合

店舗から100m離れた道路車線に出て、車を運転する目線の高さで確認する。確認する際は店側だけでなく、必ず対向車線からも確認する。

商店街やショッピングモールのテナント

店舗から15～30m離れた位置（目安：2.5テナント分）から、通行客の目線の高さで観察する。
通路が広い場合は対向する通路側からも確認する。

2 自店の見えにくさを確認する「顧客視点確認法」

誰も言い訳できない納得の方法

私は全国津々浦々、さまざまな店舗の売上改善をコンサルティングしてきましたが、この仕事をしていてなんとも言えない悲しさを感じることがあります。それは、コンサルタントを信用していない店主・店長が多いということ。机上の空論ばかりで判断をし、現場がわからず成果が上げられない。そんなイメージを持っている店主・店長は少なくないと感じます。

そこで、店主・店長にも信頼され、前向きに改善に取り組んでもらえるようになるのが、本章でお伝えする「顧客視点確認法」です。

店舗の外に出て、通行客の導線で写真を撮って画像で確認する。これだけです。画像で見るということは、店舗を俯瞰してみることです。つまり、第三者視点（顧客視点）で確認できる唯一の方法なのです。

例えば、電柱が邪魔している、日焼けした不要なのぼりで入口をふさいでいる、販促物が多すぎて何屋かわからない、そもそも通行導線から店舗が確認できない……などといったことが画像で確認できます。自店の現実を目の当たりにすると、言い訳ができなくなるのです。

そこで、「まずは通行客に店前導線から店舗を認知してもらえるように改善してみましょうか」と改善のきっかけを与えると、即座に行動に移してくれます。実際、改善してみると、訪店する時間帯にもよりますが、改善直後からたちまち入店客が増え、効果を実感することになるので、店主・店長のやる気は一気に高まります。

また、その場で改善が施せない状況のときは、店主と一緒に画像を確認しながら、この位置にのぼりを、ここに看板を、ここにタペストリーをなどと提案することで、具体的な改善イメージが湧き、その後、実施してもらえます。

百聞は一見に如かず。具体的な方法を次項から紹介していきますので、皆さんもぜひ行動してください。

店舗の見え方の改善例

Before	After

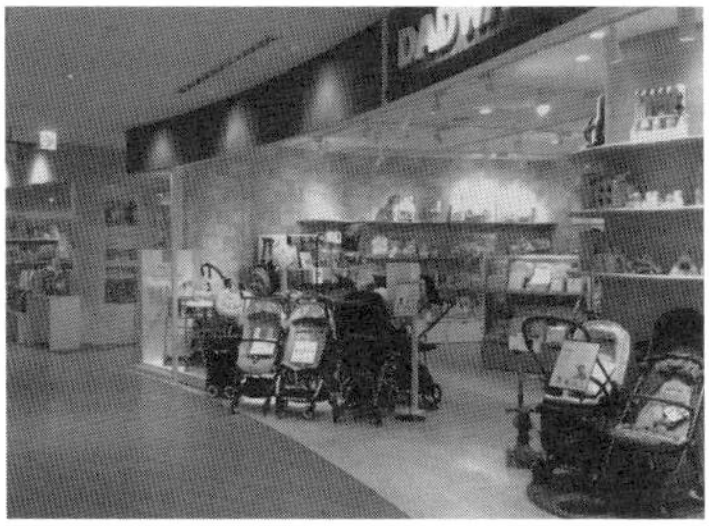

入店率が前年比 128% を達成！（大阪・DADWAY なんばパーク店）

3

通行客の入店を決定づける2つの観測地点

通行客にアプローチする「10秒の法則」

売上が低迷している店舗は、「客数が増えない」という悩みが90％以上を占めています。実際に足を運んで現地に訪店してみると、「入店しづらさ」「店舗の視認性の低さ」がその理由の大半を占めています。

店前通行客は、「**2つの観測地点**®」からあなたの店舗を見ています。第1観測点と第2観測地点、どちらも店前を通行する顧客が自店へ入店するか、しないかを判断する場所です。

第1観測地点とは、通行客が、あなたの店舗に「オッ」と気づくのか、それとも「スッ」と立ち去ってしまうか、どちらかを**無意識的に**判断する通路上の場所のことをいいます。ここで、お客様の店舗を見ている時間は平均**7秒**程度です。

第2観測地点とは、通行客が、あなたの店舗に思わず立ち寄るか、立ち寄るのをやめるかを**意識的に**判断する場所のことで、主にインショップやショーウィンドウがある店ではメインディスプレイ、路面店や飲食・サービス業種では入口周辺のことをいいます。ここで見ている時間は意外に短く、**3秒**程度です。

つまり、無意識的に見ている第1観測地点で7秒、意識的に見ている第2観測地点で3秒、合わせてたった10秒で、あなたの店舗を通行客へアプローチしなければ入店は増えないということです。これを「**10秒の法則**」と呼んでいます。

例えば、友人と話をしていたり、一緒に歩く子どもに気を取られていたりした場合は、10秒どころか何も見ずに素通りしまうこともあるわけです。

通行客に素通りされずに立ち寄ってもらうためには、店舗正面の第2観測地点ではなく、通行客の導線から長く見える第1観測地点でアプローチすることがいかに入店では重要か、おわかりいただけたでしょうか。

次項から、この2つの観測地点の撮影の仕方と、その確認方法について解説します。

「2つの観測地点®」とは

第1観測地点

お客様が、自店に
「オッ！」と気づくのか、
「スッ！」と立ち去ってしまうのか、
どちらかを**無意識的に**判断する
通路上の場所

7秒

＋

第2観測地点

お客様が、思わず立ち寄るか、
立ち寄るのをやめるか、
意識的に判断する
主要ディスプレイ・入口部分

3秒

10秒の法則

たった10秒で店頭アプローチを
しなければならない！

※「2つの観測地点®」は株式会社ファンクリエイションの登録商標です。

4

2つの観測地点から撮影・確認しよう①

第1観測地点の撮影

入店率アップの店頭改善を始める前に必須なのが、2つの観測地点から自店を撮影することです。

第1観測地点の撮影は、次の4つの手順で行ないます。

①自店が見えなくなる位置から撮影開始する

立地にもよりますが、多くの店舗の店前通行導線は左右の2方向になります。路面店でもインショップでも、平均2軒隣の店舗くらい手前から撮影するのが目安です。

②カメラを目線の高さに構える

女性（身長160cm以下）は自身の目線よりやや高め、男性（身長175cm以上）はやや低めにカメラ位置を設置してもらえるとちょうどよい高さになります。

③3〜5歩の間隔で断続的に撮影する

撮影スタート地点から自店の手前までは5歩、自店の手前からは3歩で細切れにシャッターを切ります。

④真っすぐ通りすぎるまで撮影（第1観測地点）

自店の前になっても、カメラは店に向けずに、素通りする通行客の目線で真っすぐ撮影します。

撮影の補足ポイント

例えば角地の店舗の場合、左右と上下に4つの導線があります。その場合は4カ所の導線すべて撮影してください。横断歩道やエスカレーターが近くにある店舗は、その下り側からも同じように撮影しましょう。

また、店頭の改善後も、アフターの写真を撮影して、確認するようにしましょう。

第1観測地点の確認ポイント

まずは第1観測地点から確認をしてみましょう。撮影スタート時の1枚目から、ゆっくりスライドしながら自店の見え方を確認します。すると、店舗の課題点が抽出できます。

写真で確認してもらいたいのは、ずっと写り込んでいる部分です。ここは、長い間、通行導線から見えている場所です。打ち出し（アプローチ）を強化したり、店頭鮮度を維持したりしましょう。

第１観測地点を撮影しよう

第１観測地点

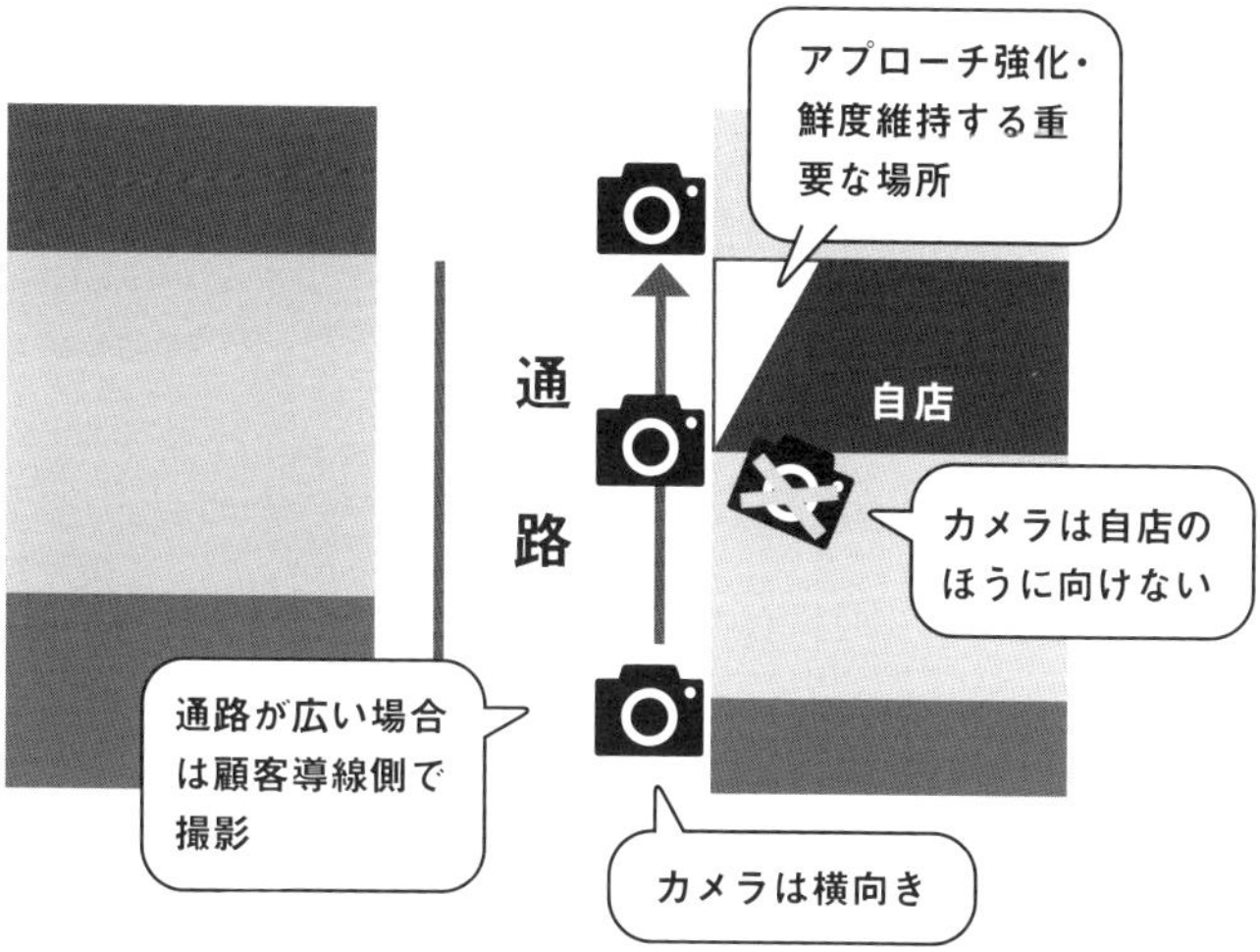

POINT

- ☑ カメラは横向き
- ☑ 目線よりやや高め
- ☑ 持ち手の位置はブラさない
- ☑ カメラは自店のほうに向けずに真っすぐ通りすぎる
- ☑ エスカレーターや階段の下りも第1観測地点

5

2つの観測地点から撮影・確認しよう②

第2観測地点の撮影

第2観測地点は、**平台前または店舗入口から180度で3枚撮影**します。

メインディスプレイや平台がある店舗は、ディスプレイや平台の数分だけ同じように撮影をします。大型店で店内の撮影範囲が広い場合は3～5枚に分割して撮影するようにしましょう。路面店や飲食・サービス業はディスプレイや平台がない店舗も多いので、入口から撮影をします。

なお、撮影は、**カメラは横向きで、必ず「静止画」で行なってください**。「動画」だと改善点が確認できません。

第2観測地点の確認のポイント

店舗に立ち止まった通行客は、店内を左から右へと瞬時に見渡します。その際、どんな雰囲気の店で、どんな商品やサービスがあるのかなどの情報をキャッチし、入店への期待値が上がるかを判断します。この位置で**店奥へ行く理由**が見つからなければ、入口の商品だけを見て店から出てしまう可能性があります。

撮影してみると、店奥へ誘引する誘導パネルが見える、棚上段に商品がディスプレイしてある、壁面に商品の使用シーンがイメージできるようなパネルが設置してあるなど、「入店してみよう」と思わせる仕掛けができているか確認します。その際、設置位置は入口から見えるかどうかを確認し、高さ調整を行なうようにしましょう。

入店率が悪いからといって、くれぐれも店頭に「激安商品」「目玉商品」「低価格商品」など赤札のPOPをつけて通年ワゴンセールをするなど、店舗の価値を下げるような施策だけはしないようにしましょう。

店頭に立ち止まった**入店客の80％以上を店奥へ誘引**できれば、売上は上がるといわれています（詳しくは第5章で解説します）。第2観測地点の見え方を理解し、この場所で魅力的な展示をすることがいかに大切であるかがおわかりになるでしょう。

第 2 観測地点を撮影しよう

第 2 観測地点

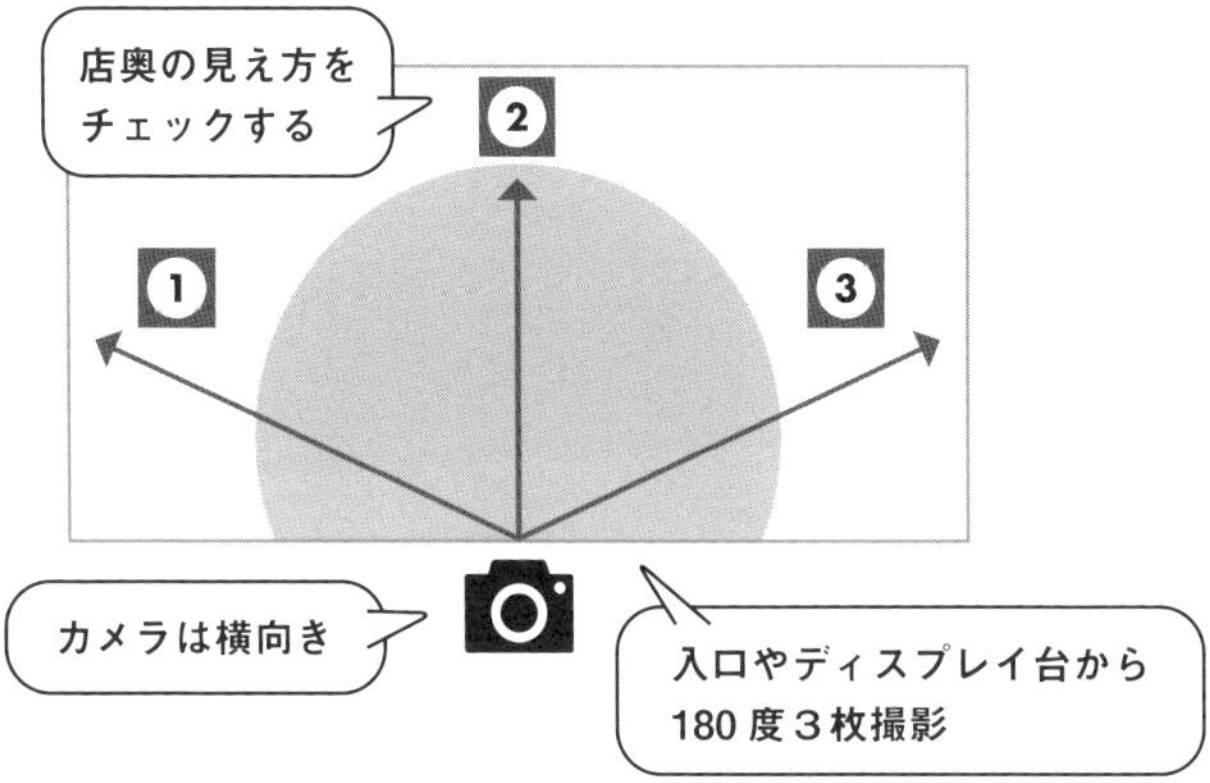

ショッピングモールテナントの場合

180 度①左斜め撮影

180 度②正面撮影

180 度③右斜め撮影

（大阪・DADWAY なんばパークス店）

個人商店の場合

180 度①左斜め撮影

180 度②正面撮影

180 度③右斜め撮影

（横浜・カランドリエ）

6 店前通行客の導線を見極めよう

通行客の店前導線は正確に把握する

入店率アップの店頭改善を行なううえで、成果が実感できるか、実感できないかを決定づけるといっても過言ではないのが、**店前導線の見極め**です。

商店街の場合、駅がどこにあるかなどで朝と夕方で導線が変わります。路面店の場合、車道は右側通行なので通行導線は右から左へとなります。

最も見極めが難しいのが、ショッピングモールなどのインショップの場合です。道幅が広く、左・右・中央のどこを歩くかにより店舗の見え方は変わります。また、施設の出入口やトイレ、駐車場近くの店舗やイベントスペースで催事がある日とない日でも、導線が変わるケースがあります。特にリニューアルシーズンは、周辺がクローズして白囲いしている店舗が両隣にできるなど、これまでの導線とは違ってくるケースもあります。

自店の店前導線がわかっている店舗でも、2週間でいいので一度、定点観測をしてみてください。

なぜ、2週間かというと、理由があります。朝と夕方、平日と週末では、客層や通行客数が異なり、店前導線が変わるケースがあるからです。

店長に「顧客の通行導線はどちらですか?」と質問すると、「大体半々かな」とか、「こっちじゃないの?」と、あいまいな回答をされます。ベテラン店長でも、実はわかっているようでわかっていないのです。

店前導線の見極め次第で入店率は変わる

入店率改善は、導線の少ないほうを捨て、多いほうへ優先してアプローチする方法です。あなたの店舗は、右から左へ7割、左から右へ3割くらいでしょうか? この**店前導線の見極めが、改善成功の明暗を分けます**。

どうやっても五分五分だという店舗は、まずはどちらかの導線でアプローチをしてみてください。あまり入店率が上がらなければ、2週間後に逆の導線も試してみて、どちらも変わらなければ、両側へ均等にアプローチするという選択になります。

「店前通行導線」を見極める

ショッピングモール内の回遊導線（メイン）

ショッピングモール内の回遊導線（反対側）

商店街の通行導線（駅に向かう側）

商店街の通行導線（駅から目的地に向かう側）

7

「10秒の法則」で通行客に何を見せたいのか？

自店を撮影してみて、第1章でお伝えした、入店率が高いファサード5つの条件が1つでも2つでもクリアできていると望ましいでしょう。2つの観測地点で10秒以内に**価値訴求**ができると理想です。

第2観測地点では、どんな情報を通行客へ視覚化して伝えたいかを考えてみてください。可能であれば、「10%ＯＦＦ」とか「ドリンク1品サービス」などの安売りやお得感を打ち出した価格訴求より、「顧客にどんなメリットがあるのか」「なぜ、この商品をつくったのか」「この商品を取り扱っている理由」などのストーリーをビジュアルで伝えます。

例えば、

① 店のコンセプト
② 商品や材料のこだわり
③ 生産者の想い
④ 製造過程のプロセス
⑤ 商品の希少性

などを、メインディスプレイなどで伝えます。

価値訴求より価値訴求

価値訴求には2種類ある

価値訴求は、「**機能的価値**」と「**情緒的価値**」の2つに分類することができます。

例えば物販業の場合、「機能的価値」を訴求するというでしょう。「機能的価値」とは、その商品やサービスの機能面や品質面において、顧客に提供できる価値の訴求をすることです。

一方、「情緒的価値」とは、その商品やサービスを見たり、利用した際に、顧客が体感できる精神的な側面での価値のことです。サービス業はこちらを訴求するとよいでしょう。

店の想いやこだわりは、ファサードや販促ツールを使用し「視覚化」して通行客や来店客へ伝え、共感が得られるようにしておきたいものです。

10秒で通行客に見てもらいたいもの

①店のコンセプト

「あなただけの
コーディネートを」
（横浜・カランドリエ）

②商品や材料のこだわり

（静岡・掛川みなみのマルシェ）

③生産者の思い

（静岡・栄醤油醸造）

④製造過程のプロセス

（静岡・橋山食品）

⑤商品の希少性

日本唯一の阿芭可（アバカ）布織維を製造（静岡・そま工房）

Column ❷

新しいターゲット層が取り込めた！ お金をかけずに売れる店になった事例

コロナ禍で地方の仕事が全くなくなってしまったとき、「売り場改善のビフォー・アフターの動画を撮らせてもらえませんか？」とお願いしたところ、快諾してくださったのが、東京都北区十条銀座商店街にある「ジュエリーこまつ」です。

「ジュエリーこまつ」は十条銀座商店街では欠かせない商店街活性化の立役者なのですが、メイン通りから少し奥まった路地に位置しており、入店客数を増やしたい、若い世代の客層にも来店してもらいたいというのが店舗の悩みでした。

売り場改善のひとつとして、お店のファサードを変えました。「ジュエリーこまつ」の歴史の中で、初めて外部に頼ってのディスプレイ改善だったそうです。取締役の小松克弥さんからは、こんなご感想をいただきました。

「今までは、専門家の話を聞いたり、自分で調べたりしてやっていましたが、売り場の現状を見てもらい、そこから手直ししてもらうのが一番の近道だと思いました。コンサルティング的なものには苦手意識もあったのですが、すべての形に理由があり、納得することばかり。目から鱗の連続でした」

「ジュエリーこまつ」では、「お金をかけない改善で売れるお店へ」という当社の考え方も、共感していただけたことのひとつでした。実際、「ジュエリーこまつ」ではファサードの色を統一するなど、ほとんど販促費をかけずに、新たな年齢層の立ち寄りが増えたといった成果を出すことができました。

こちらの「ビフォー・アフター」動画は、下記の二次元コードからご覧いただけます。ぜひ、参考にしてみてください。

ファンクリエイション公式 YouTube チャンネル
【売れる売り場づくり】入店率アップ！ 劇的ビフォーアフター「ジュエリーショップ編」
https://youtu.be/W3s2hcqzbHw

第3章

お金をかけずにすぐできる！
入店アプローチ7つの方法

1 誰でも簡単にできるファサード改善

開店準備のチェック項目に追加する

開店準備は、店主・店長以外の朝当番のパート・アルバイトスタッフが担当するケースが多いでしょう。どうしてもルーティン作業になり、A型看板やのぼりを設置するときも、「ただ店頭に出せばいいだろう」「なんとなくこんな感じ」と感覚で行ないがちです。

店主・店長が不在でも誰でも、入店アプローチができる店頭がつくれるように、次の2点を開店準備チェック項目に追加してください。

①通行量の多い導線（第1観測地点）から1枚写真を撮って設置位置を確認する

②A型看板の設置角度は45度くらいにする

の2点をというお願いです。

たったこのひと手間をかけられるかどうかで、入店率は大きく変わります。ぜひ、開店準備のルーティンとしてください。マニュアルに、設置例のOKパターンとNGパターンの写真を添付しておくとわかりやすく、実行に移してもらいやすくなります。店主・店長は、出勤時にチェックするようにしましょう。

ルールがわかれば自分たちで工夫できる

2つの観測地店や通行導線からの見え方がわかると、さまざまな改善方法が生まれます。

例えば、デジタルサイネージは奥より手前に設置したほうが動きがあるので、店舗の存在に気づいてもらえそうとか、手前は小さい文字のメニュー表よりおすすめがわかるメニュー写真のほうが目立ちそうなど、効果的なアイデアが湧いてきます。また、看板が多すぎて何が売りなのかわからない、設置位置が低すぎて見えないなどの改善ポイントも見えてくるはずです。

写真を撮って画像で確認することが日常的に行なえるようになると、誰でもファサード改善できるようになります。お金をかけずに、今ある店頭販促を見直すだけでセルフ改善が簡単にできるので、ぜひパート・アルバイトスタッフの方にも共有してください。

セルフファサード改善の例

Before

After

手前のメニュー看板を入れ替え、ひと目でPR商品がわかるようになった
（神奈川・サンマルクカフェ 横浜ワールドポーターズ店）

※撮影当時（2019年）とは外観・POP内容等が現在と異なる場合があります。

2 「歓迎感」を伝える売り場のつくり方①

接客をしているような売り場をつくろう

　接客では、「いらっしゃいませ」「こんにちは」とおもてなしの心で来店客に挨拶をして、**「歓迎感」**を伝えます。笑顔でアイコンタクトを取るなど、言葉や表情、しぐさで歓迎を伝えることができます。

　しかし近年では、対面販売からセミセルフ業態に移行する、人材不足の影響でセルフレジの導入が加速するなど、今後ますます顧客接点が減少する傾向にあり、歓迎を伝えるチャンスは失われていくことでしょう。

　そこで、「歓迎感」を接客だけに頼らず、店頭や店内でも伝えられたら、来店客の購買喚起につなげることができると思いませんか?

　店舗で「歓迎感」を伝える方法といえば、ディスプレイを工夫する、ＰＯＰなどの販促物を設置する、ＢＧＭを流す、ビタミンカラーなどビビッドな色を使うなどが思い浮かびますが、もっと「歓迎感」を伝える方法があります。

　それは、通行客の導線に対して、什器や商品、販促物を向ける、つまり、**お客様のほうへ「正対」させる**という方法です。什器や商品、販促物が、お客様と「面と向かう」ように設置するのです。

　この「正対」させる方法は、直接接客をしなくても、商品が「私を見て」「私を買ってください」と言わんばかりに主張して見えるようになるため、お客様の立ち寄りが増えたり、購買意欲を高めたりする効果があります。

　とはいえ、なんでもかんでもお客様のほうへ向ければいいというものではありません。あまり闇雲にやってしまうと、整理整頓できていない店という印象を与えてしまう可能性があるので、次項で詳しく「歓迎感」が伝わる売り場のつくり方について解説します。

　入口付近だけでも試してみると、一気に店の歓迎感が伝わり、入店率が向上しますので、試す価値ありの施策です。

什器や販促ツールが動かせる場合の改善例

Before

After

手前から奥への導線が７割、奥から手前への導線が３割の店舗の場合、７割の導線を優先してアプローチする

（愛知・ikka THE BEAUTIFUL LIFE GREEN STORE イオンモール常滑店）

朝と夜で向きを変えるのも効果的

朝：通行客の導線は
　　手前から奥へ
夜：通行客の導線は
　　奥から手前へ

JR の駅が手前にあるショッピングモール

3

「歓迎感」を伝える売り場のつくり方②

什器や販促ツールが動かせる場合

どのように「歓迎感」を伝える売り場にするかの前に、確認しておかなければならないことがあります。それは、**店前導線**や店内の**回遊導線**です。

例えば、63ページのアパレル店の場合、通行量が多い7割の導線の通行客のほうを優先し、什器とマネキンを正対させました。他には特に何も売り場の改善は行なっていませんが、たったこれだけで、通行客から見える商品情報量が圧倒的に増え、コーディネート提案がよく見えることがわかります。

什器やマネキンなどを動かす場合のポイントです。

・正対させる角度は45度

・平台や什器はリースラインを超えない範囲で

・後方の什器や陳列棚などもあわせて並行に

・店内の回遊導線が狭くならないように調整

これは、インショップでも路面店でも同じです。

什器や販促ツールが動かせない場合

什器が床や壁に固定している、多すぎて動かせるスペースがない、重くて動かない、店舗面積が狭いなど、やりたくても動かせる状況にない店舗もあるでしょう。そのような場合でも、商品や販促物なら通行導線や店内の回遊導線へ向けることが可能なケースが多いです。

商品や販促物を動かす場合のポイントです。

・正対させる角度は45度

・商品は棚や什器からはみ出ない範囲で

実際に現場で確認すると、多くの店は20〜30度くらいまで傾けられているのですが、それでは傾きが足りません。傾きの角度が不足してしまうと、通行客へのアプローチが弱まるだけでなく、店内が乱れていると思われてしまう場合があるので注意してください。

改善後は、必ず写真撮影をして、画像で確認するようにしましょう。店前導線や店内の回遊導線から商品や販促物と目が合えば、つまり「見えている」ならば、「歓迎感」は伝わっているはずです。

什器や販促ツールが動かせない場合の改善例

商品を斜めに配置して入口に向ける（神奈川・茅乃舎 横浜ベイクォーター店）

回遊導線にそって商品を向けたスーパーの精肉売り場

マネキンと商品を通行導線に
向けたベビー服店

4 店頭演出で素通りを防止する

「テーマ」と「サブテーマ」を設けよう

店舗で消費者が商品の購買に至るまでには、①立ち止まらせる、②目にとまらせる、③手に取らせるという3つの工程を踏んでもらわなければなりません。特に店頭集客では、何としても、①立ち止まらせることをしなければなりません。

平台やショーウィンドウがある店舗の場合は、何を通行客へ見せたいのか考えます。飲食・サービス業の場合は、旬の食材やシーズン提案などがあります。

そこで、**店頭演出の「テーマ」と「サブテーマ」の設定**をしましょう。普段、何となく、それっぽく店頭演出しているだけの店は、お客様には見えておらず、素通りされている可能性が高いです。

「テーマ」は、**季節**、**新商品**、**商品カテゴリー**、**ライフスタイル**、**ステージ**、**キャンペーン**など、自店の取り扱い商品やサービス内容によって選択しましょう。

一番簡単でやりやすい方法は「季節」です。春の桜、新緑の初夏、夏のお中元、秋の行楽、クリスマス、バレンタインなど。季節ごとに店頭演出を変えるだけで、店頭鮮度を保つことができ、さらに通行客を視覚で楽しませることができます。

街でよく見かける「クリスマスフェア」と書かれた看板。ツリーやギフトボックスなどでそれっぽく演出した店舗の前で、お客様はわざわざ足を止めるでしょうか？

そこで、入店や購買につながる大切な要素が**「サブテーマ」の設定**です。

例えば、テーマを「ホワイトクリスマス」とします。そして、サブテーマをアパレルの場合は「家族でお揃いのホワイトニットコーデ」、飲食の場合は「白ワイン好きの仲間と集まる世界のチーズ料理」と設定することで、何を訴えたいのか、ターゲットが誰なのかが明確になり、購入につながりやすくなります。テーマだけでなく、サブテーマの設定がある売り場を見ると、通行客はギフト相手のイメージができるようになります。

テーマの設定例

季節	花見・母の日・お盆・行楽・クリスマス・バレンタイン・ひな祭り
商品カテゴリー	新商品・ファッション・インテリア雑貨・キッチン用品・レジャー用品
ライフスタイル	ママ会・家族団らん・忙しい朝・スローライフ・帰省土産
ステージ	出産・入学・転勤・結婚・還暦・昇進
TPO	通勤・オフィス・発表会・披露宴・葬式・デート・パーティー
キャンペーン	創業記念日・お客様感謝デー・クリアランス・お歳暮

サブテーマの設定例

	テーマ	サブテーマ
旅行	出張	移動中に使えるコンパクトグッズ
文具	昇進	上司のデスク
雑貨	結婚祝	シンプルでモダンなうちカフェ風
婦人服	母の日	休日のガーデニング

5

販促物の設置数と設置位置を見直す

販促物の「設置数」は適切か

あなたの店舗には、入店から退店するまでの回遊導線に販促物は何枚くらい設置しているでしょうか？

店頭販促物には、ポスター、パネル、ＰＯＰ、のぼり、デジタルサイネージなど種類はさまざまありますが、大事なのは、**販促物には適切な設置数がある**ということです。

売上が低迷している店舗の特徴のひとつに、店頭販促物が日に日に増える傾向があります。さらに店頭販促物をよく見ると、日焼けして色褪せ、破れ、季節外れ、設置期間が経過したもの、雨に濡れて文字やイラストが消えかかっているブラックボードなど……店頭販促が減らない店舗の〝現場あるある〟です。

そもそも店頭販促とは、リアル店舗でお客様の購買意欲をかき立てるための活動のことで、「インストアプロモーション」とも呼ばれます。多すぎる販促物は、「買いたい！」「また来たい！」という気持ちを下げてしまう逆効果を生んでしまいます。

販促物の「設置位置」は適切か

設置する販促物は、顧客の回遊導線のどの位置で見てもらいたいのかによって、撤去するか、移動するかを吟味しなければなりません。入口ドアや窓ガラスにポスターを設置すれば、入店の妨げになる可能性があります。また、人の腰の高さより低い位置に設置した販促物はあれば即刻撤去です。**「店内に販促物を設置しておけば見てもらえる」という認識は捨てましょう**。

お客様に本当に見てもらいたい販促物のみを厳選し、回遊導線のどの位置で見てもらいたいかで、移動するか、撤去するか、サイズ変更するかを見極めましょう。

販促物はサイズ、形がバラバラで統一されていないケースが多いです。その場合は、上部を揃えて設置し、販促物と販促物の間は必ずスペースを確保すると、目にとまるようになります。

販促物の設置位置のポイント

（茨城・いばらきコープ コープつちうら店）

（愛媛・コープえひめ コープ東本店）

・大きさや形がバラバラな場合は、上段を揃える
・販促物と販促物の間にスペースを確保する
設置位置を工夫するだけで、視認性が上がって目にとまりやすくなる！

6 色のかたまりで視認性を高める

遠くから判別できる「色」の効果

本章で紹介している売り場の改善方法の中で、最も効果的であり、私もよく実践する方法が**「色」の活用**です。

人間は、自分が思っている以上に、色にコントロールされています。生活する中で色を見てイメージしたり、無意識に判断したりしていることが多々あります。

例えば「赤」。「激安キャンペーン！」「期間限定！」といったセールなどの販促物には赤色がよく使われていますよね。これは赤という色が活気を与えたり、アドレナリンを分泌させ興奮を促したりして、衝動的な感情を引き出すという特性をうまく利用しているのです。つまり、「衝動買い」ですね。

他にも、電車の乗り換え案内などで「色」を活用して、スムーズに利用客を誘導したりしています。

人が遠くから知覚できるのは、色、柄、形、シルエットです。私が売れる売り場づくりで用いているVMD（ビジュアルマーチャンダイジング）手法では、4～8m先から判別できるのは「色」、次が2～4メートルの距離で「デザイン」です。

店のコンセプトやイメージも左右する

色にはそれぞれ特徴があり、私たちの行動に大きな影響を与えています。なぜ、この店舗のロゴは青色なのか、この看板には緑色が使われているのかなど、色が持つイメージで店舗や商品の印象も変わるのです。

あなたの店のロゴは何色ですか？　店舗は何色ですか？　また、近隣の店舗の色は何色ですか？　商品を連想させる色は何色ですか？　価格帯はどれくらいで、お客様に与えたい印象を例えるなら何色ですか？

使用する色は基本的に、2～3色以内でまとめると効果的です。色を統一して「**色のかたまり**」にすることで、遠くからでも通行客に認識してもらえるようになります。色で店舗の視認性を高められると、通行客の立ち止まりや、写真映えにもつながります。さらに、店のブランドイメージを向上させる役割もあります。

色のかたまりをつくるアイデア

同系色の商品で色のかたまりをつくる

販促ツールを統一して色のかたまりをつくる

商品とテーブルクロスを敷いて色のかたまりをつくる

7

五感を刺激して人の記憶に残す

五感を刺激して閑古鳥店が行列店に

効果的な店頭集客は、何も目で見える視覚情報がすべてではありません。商店街を歩くと、焼き鳥やうなぎ屋からもくもくした煙とともに炭火でタレが焦げる香りが漂ってきたり、インドカレー店のスパイシーな香りを嗅いだりして、引き寄せられるように立ち寄ってしまった経験はないでしょうか。

埼玉県のとある観光地に創業160年の老舗乾物屋があります。店前は平日週末問わず大勢の観光客が往来しているにもかかわらず、その店は閑古鳥状態が続いていました。そこで、店舗の一部を改装して店頭で焼きおにぎりの販売を始めました。焼きたてのおにぎりに削りたてのかつお節をかけると、香ばしい醤油と炭のいい香りが漂ってきて、あれよあれよという間に店前に大行列ができました。その後、食べ終わったお客様が入店して買い物するようになりました。

ショッピングモールのテナントや車のショールーム、航空会社のラウンジでも、オリジナルのアロマの噴霧器を使用しています。その香りを嗅ぐとブランドがイメージできたり、癒しの空間で心地よい時間が過ごせたり、店の場所を認知させるなどの効果があります。

アパレルブランドの「コムサイズム」ではビートルズの「Revolution」がBGMとして流れています。この曲を聴くだけで「コムサイズム」を思い出します。耳に残るBGMといえば、「驚安の殿堂ドン・キホーテ」はお馴染みですね。

第7章2項でご紹介している「立ち飲み食堂ウルトラスズキ」では、メインターゲット層が50代ということで、店内は80年代を中心としたJ－POPが流れています。店内のお客様からは「懐かしい」という声とともに思わず口ずさんでしまう姿は日常的な光景です。

このように店頭集客では、視覚はもちろん、聴覚、嗅覚、知覚、身体感覚など、**五感を刺激すればするほど訴求力は高まり、人の記憶に残る**ようになります。

お客様の五感を刺激して訴求力をアップ！

視覚

・色統一した販促物
・商品の三角構成
・ブランドイメージに合ったオブジェ
・照明
・店内装飾
・テーブルクロス
・鏡

嗅覚

・店舗向け
　アロマディフューザー
　（香りの噴霧器）
・店頭販売

味覚

・試飲
・試食
・試食サンプル品の配布

聴覚

・接客
・店内 BGM
・入口のベル
・調理している音声

触覚

・商品サンプルの展示
・試乗
・試着

五感を刺激すると、人の記憶に残って訴求力がアップする。

入店時に「ワクワク感」を醸成する売り場づくりで、来店客の購買意欲に火をつけよう！

8 ファサードコミュニケーションを活用する

お客様との接点を増やす工夫

顧客接点は多ければ多いほど、店のファン化がしやすくなります。対面接客はもちろん、ＳＮＳで顧客と交流する、ニュースレターや手紙などを定期的に送るなども有効な方法です。

店頭販促においても、顧客接点を増やす工夫は可能です。かつてスーパーやドラッグストアのファサードコミュニケーションといえば、店頭チラシが大きな役割を果たしていました。確実にほしいものがあって、ネットで事前に情報収集してから行く家電量販店などとは異なり、自宅の近くで日常のルーティンとして通う店なので、店頭のコミュニケーションの重要性は高くなります。

あるファストフードチェーン店では、店頭にブラックボードが設置されています。記載内容や運用のルールは店舗によって異なりますが、毎日必ず日付を入れて、通行客へ応援メッセージを送ってコミュニケーションを図っています。通行客の中には、このブラックボードを見たさにわざわざ店前を通行する人もいるそうです。

入店率が向上しない要因にはいくつかありますが、

・そもそも店の存在を知られていない
・店に興味を持ってもらっていない
・リピーターが少ない

というケースが少なくありません。その場合、通行客に自店の商品やサービスをアプローチする以前に、通行客や店前で立ち止まっている人に、３秒以内の短い時間で心をつかみ、距離を縮めることができるファサードコミュニケーションを工夫しましょう。

ファンづくりでは、**①認知、②関心、③信頼、④共感、⑤絆**のステップを踏みます。ファサードコミュニケーションは、顧客接点を増やすことが目的です。日々のコミュニケーションの積み重ねが今後の店頭集客につながります。

フランチャイズ店や個人店にとっては、とても有効な方法なので、試してみる価値はあると思います。

お客様とのコミュニケーションツールになるブラックボード

再来店告知に有効なブラックボード（神奈川・新岩城菓子舗）

9

店主の想いや商品のこだわりを視覚化する

ファサードでも想いを伝えられる

私がこれまで訪店した多くの店には、店主自慢の逸品やこだわりが詰まった商品があり、そのどれもが一言では伝えられないほど熱い想いが込められています。そして、驚くほど豊富な知識や知見をお持ちなのです。

しかし、それらは店主や従業員の方と話をして知ることがほとんどです。つまり、**お客様に伝わっていない情報**ということなのです。

商品価値を向上させる大切な情報を、お客様がわかって購入するのと、わからないまま購入するのとでは、その商品への思い入れが大きく変わります。例えば、贈答用としてお菓子を購入したお客様は、「おいしいから」「地元で有名だから」などと言って渡すでしょう。このとき、店主がどんな想いでつくっているのかまで伝えてもらうことができれば、商品をもらった側にもファンになってもらえるチャンスが生まれるのです。

店頭では、それをＰＯＰなどで伝える手段があります。さらにファサードでも実現できたら、通行客の入店喚起になりますよね。左ページは、私が支援した飲食店への提案です。毎日朝採れの在来種という貴重なオーガニック野菜をランチまでにトラックで届けて提供しているレストランです。当初はメニューと、テイクアウト・ビュッフェの案内、２つのブラックボードが設置されていましたが、通行客が3秒で得られるのは「オーガニック野菜のレストラン」という情報で精いっぱいでした。

そこで、私は左ページの3つの提案をしました。

もちろん、これで店主が伝えたいすべてとはいきませんが、少なくとも通行客に興味を持ってもらい、立ち止まらせるきっかけはできました。

他にも、**ディスプレイを演出する**、**生産者の写真をパネルにした看板を設置する**、**タペストリー・バナー・のれんなどにコピーを記載する**、**店のミッションや理念を壁面に記載する**といった方法で伝えることができます。ぜひ、意識的に視覚で伝えるようにしてみてください。

店主の想いや商品のこだわりを視覚化した提案例

ファサード3つの提案

①店頭に野菜を使用してディスプレイをする
②店前導線から見える壁面に、生産者の様子を
　伝えるパネルを設置する
③店内に在来種の説明パネルを設置する

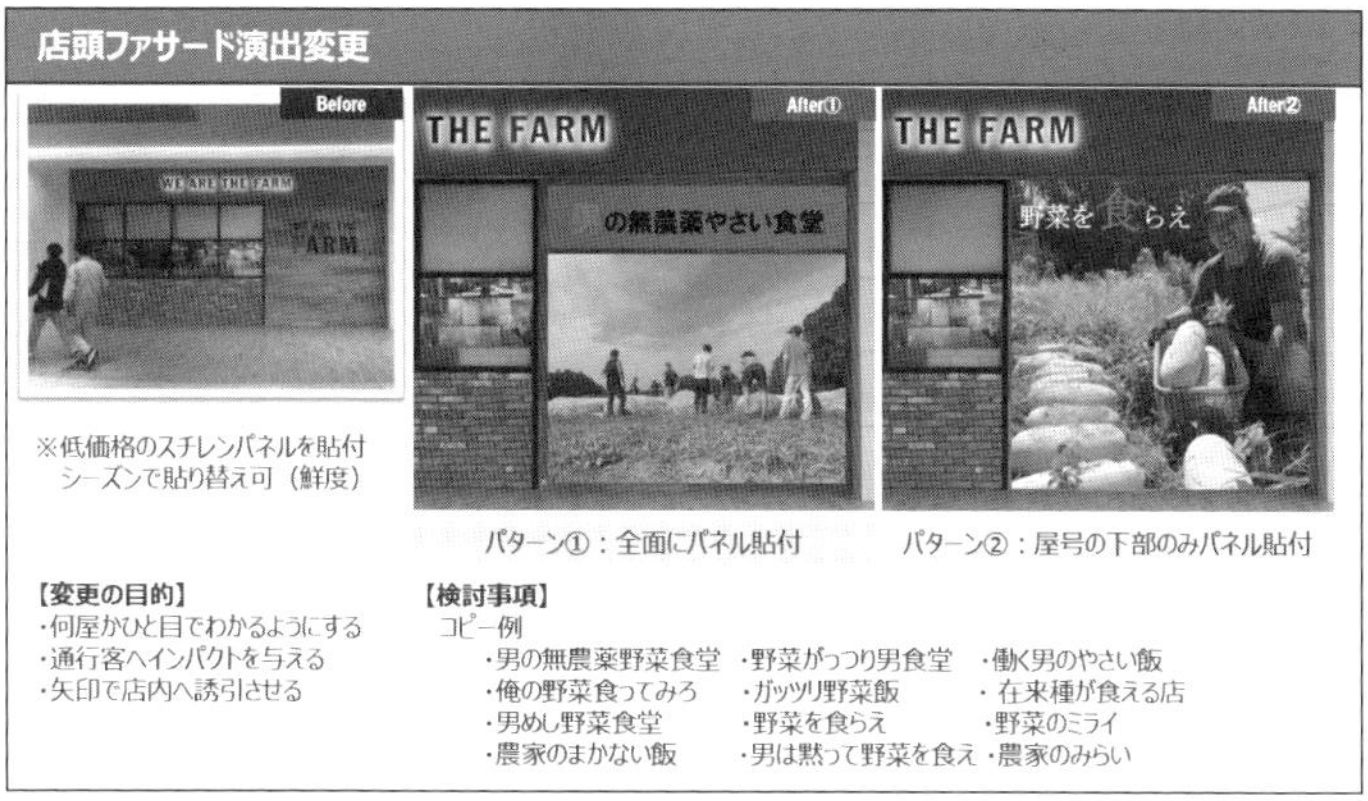
店頭ファサード演出変更
Before
WE ARE THE FARM
After①
THE FARM
の無農薬やさい食堂
After②
THE FARM
野菜を食らえ
※低価格のスチレンパネルを貼付
シーズンで貼り替え可（鮮度）
パターン①：全面にパネル貼付
パターン②：屋号の下部のみパネル貼付
【変更の目的】
・何屋かひと目でわかるようにする
・通行客へインパクトを与える
・矢印で店内へ誘引させる
【検討事項】
コピー例
・男の無農薬野菜食堂　・野菜がっつり男食堂　・働く男のやさい飯
・俺の野菜食ってみろ　・ガッツリ野菜飯　・在来種が食える店
・男めし野菜食堂　・野菜を食らえ　・野菜のミライ
・農家のまかない飯　・男は黙って野菜を食え　・農家のみらい

掲載写真、及び、デザイン案　※コピーは仮案です
THE FARM
○○○○○
THE FARM
○○○○○○
THE FARM
無農薬
野菜食堂
THE FARM
朝採れ
新鮮野菜
コピーでコンセプトを伝える↑／ロゴを活してイメージのみ伝える↓
インパクトを与え興味を沸かせる
THE FARM
WE ARE THE FARM
THE FARM
WE ARE THE FARM
THE FARM
無農薬
野菜
THE FARM
農業一筋
俺の畑

（東京・WE ARE THE FARM）

10

スタッフ間の「共通ワード」で改善スピードを上げる

みんな同じ視点で入店率改善ができるようになる

コンサルティング先で入店率アップのための研修や訪店アドバイスをする中で、予想以上のスピードで成果が上がるケースがあります。そのポイントは、「2つの観測地点」「通行導線」「入店アプローチ」「商品を正対させる」「販促物の設置位置」といった共通ワードをスタッフ間で共有すること。販促物の質が向上したり、不要な販促ツールや什器が撤去されたりし始めます。

例えば、インショップでは、本部の指示により、新商品の入荷時や月間のディスプレイ変更で売り場をチェンジする際に、2つの観測地点から撮影して通行客にアプローチできるようになります。

店舗をラウンドするエリアマネージャーは、これまでの店舗撮影法が変わり、本部に戻って撮影した写真を販促やMD部門と共有し、効果的な販促ツールが用意されたり、新たなアイデアが生まれたりしているようです。

また、ブランドイメージや新商品推しが中心だったVMD指示書に、通行導線や顧客の見え方への指示が加わり、内容が改善されるようになります。

共通ワードは個店だけではもったいない

入店率改善の共通ワードは、各テナント単位だけでなく、ショッピングモール単位、商店街単位で共有できると、箱単位（集合体）で「歓迎感」が伝わり、集客力が向上します。

私がショッピングモールで研修を行なう際には、フロアー営業担当者に必ずこの話をして同行してもらいます。すると、これまでただテナントをラウンドするだけだったフロアー営業担当者が、店長やスタッフと「もっとこうしたらいいのではないか」と話し合うなど、有意義なラウンド内容に変わっていくのです。

このように、店長、スタッフ、エリアマネージャー、販促、広報、店舗企画、ショッピングモールのフロアー担当といった関係者が共通ワードを持つことで、改善スピードも質も向上していきます。

みんなで共通ワードを持とう

☑ 2つの観測地点

・第1観測地点から店舗は確認できているか？
・第2観測地点から店奥は見渡せるか？
・撮影して、画像で確認したか？

☑ 通行導線

・店前通行導線は左右どちらの交通量が多いか？
・店内の回遊導線は歩きやすいか？
・店奥の壁面・棚上段は魅力的に展示しているか？

☑ 入店アプローチ

・第1観測地点で何屋か認識できるか？
・視認性を高める工夫ができているか？
・店頭鮮度は保てているか？

☑ 商品を正対させる

・入口から見て商品は「こんにちは」しているか？
・顧客視点で回遊導線を歩いて確認しているか？

☑ 販促物の設置位置（A型看板・ブラックボード・のぼり）

・販促物の設置向きは適切か？
・販促物の設置数は適切か？
・販促物の設置位置は適切か？

Column ❸

立ち飲み屋のカウンターで気づく五感の大切さ

第7章2項でご紹介している横浜市中区にある「立ち飲み食堂ウルトラスズキ」は、「立ち飲みだけどちゃんと料理」がコンセプト。いつ訪れても必ずシェフ瀬戸貴さん、マスター真島卓郎さん、フロアー鈴木賢さんの3人が出迎えてくれます。

私が仕事で煮詰まったり、癒されたいときに、心の拠り所にしているお店のひとつなのですが、通う理由は、絶品の料理、豊富なお酒の品揃え、そして心をつかむ接客の3拍子が揃っているからです。

鈴木さんの接客のファーストアプローチは、「この中に鈴木さんはいますか?」です。訪れたお客様の中に鈴木さんがいたら、レモンサワーを1杯サービスしてくれます。注文時や商品提供時には、いい香りとともに、「とろ～り」「カリカリ」「ジュワッと」というようにオノマトペを用いながら魅力的なワードで説明してくれ、顧客の心をグッとつかむのです。

軽く1杯だけ飲んで帰るつもりで訪れても、1杯では帰れないのがウルトラスズキです。シェフに「お酒好きでしょう」と聞いたことがあるくらい、呑兵衛の心をつかむ料理を提供していて、お酒はレモンサワーだけで30種類以上あり、私が好きなウイスキーの種類も豊富です。

こんな魅力あふれる店内で、ひとりカウンターで、80年代の懐かしのJ-POPを聴きながら、マスターと話をしている時間は至福のときです。

本来、立ち飲み屋さんは回転率を上げ、サクッと飲んでサクッと帰るものなのですが、ついつい長居をしてしまいます。

店の「居心地」というのは、こうしてお客様の五感の一つひとつにしっかりアプローチすることでつくられるのだなぁと思います。

第4章

入店率が１２０％アップする！店頭販促物の使いこなし方

1 店頭販促物を最大限活用して集客しよう！

店頭販促物は設置するだけでは効果がない

販促物は、効果的に活用することで店の宣伝効果が高まり、通行客が「入ってみようかな」という気持ちになります。また、おすすめの商品やメニューを掲載することで、店一番のウリをアピールでき、通行客を店内へ引き寄せることができます。

多くの人に店に足を運んでもらうためには、**店の存在をアピールすること**が必要です。例えば、店名の看板だけが掲げられた店と、メニューやサービスなどを店頭に掲示している店の2つがある場合、どちらに興味を持つでしょうか？　言うまでもなく、後者のように販促を工夫しているお店です。販促物の活用によって店の存在感を出すことができるのです。

店の存在感をアップさせる店頭販促物としては、**のぼりやタペストリー**がおすすめです。

店の特徴やおすすめ品のアピールには、**A型看板やチラシ**がよく使用されます。

A型看板は、遠くにいる人への訴求力はあまり高くありませんが、第1観測地点の少し離れた位置から比較的近い位置にいる人に対するアイキャッチ効果は抜群です。チラシは、販促物の中でも、最も身近な存在だといえるでしょう。新聞への折り込みチラシの他、入口付近に貼付したり、店頭などで手渡しするという方法もあります。比較的低コストでありながら、多くのお客様に配布できる点が長所です。なかでも、女性はチラシを好んで見る傾向があり、ターゲットが女性客の場合、特に有効な販促物です。

何もしないでただ待っているだけでは、通行客は素通りしてしまいます。販促物を上手に組み合わせて、通行客に店の存在や特徴を印象づけることが大切です。

販促物は、設置するだけで効果が得られるものではありません。第4章では、少しでも多く集客して、売上アップを実現する販促物の使いこなし方をお伝えしていきます。

料金受取人払郵便

神田局
承認

2741

差出有効期間
2026年2月28
日まで

郵便はがき

101-8796

511

(受取人)
東京都千代田区
神田神保町1－41

同文舘出版株式会社
愛読者係行

毎度ご愛読をいただき厚く御礼申し上げます。お客様より収集させていただいた個人情報は、出版企画の参考にさせていただきます。厳重に管理し、お客様の承諾を得た範囲を超えて使用いたしません。メールにて新刊案内ご希望の方は、Eメールをご記入のうえ、「メール配信希望」の「有」に○印を付けて下さい。

図書目録希望	有	無	メール配信希望	有	無

フリガナ お名前		性別 男・女	年齢 才
ご住所	〒 TEL　（　　）　Eメール		
ご職業	1.会社員　2.団体職員　3.公務員　4.自営　5.自由業　6.教師　7.学生 8.主婦　9.その他（　　）		
勤務先分類	1.建設　2.製造　3.小売　4.銀行・各種金融　5.証券　6.保険　7.不動産　8.運輸・倉庫 9.情報・通信　10.サービス　11.官公庁　12.農林水産　13.その他（　　）		
職種	1.労務　2.人事　3.庶務　4.秘書　5.経理　6.調査　7.企画　8.技術 9.生産管理　10.製造　11.宣伝　12.営業販売　13.その他（　　）		

愛読者カード

書名

◆ お買上げいただいた日　　年　　月　　日頃

◆ お買上げいただいた書店名　（　　　）

◆ よく読まれる新聞・雑誌　（　　　）

◆ 本書をなにでお知りになりましたか。

1. 新聞・雑誌の広告・書評で　（紙・誌名　　　）
2. 書店で見て　3. 会社・学校のテキスト　4. 人のすすめで
5. 図書目録を見て　6. その他（　　　）

◆ 本書に対するご意見

◆ ご感想

●内容	良い	普通	不満	その他（　　）
●価格	安い	普通	高い	その他（　　）
●装丁	良い	普通	悪い	その他（　　）

◆ どんなテーマの出版をご希望ですか

<書籍のご注文について>

直接小社にご注文の方はお電話にてお申し込みください。宅急便の代金着払いにて発送いたします。1回のお買い上げ金額が税込2,500円未満の場合は送料は税込500円、税込2,500円以上の場合は送料無料。送料のほかに1回のご注文につき300円の代引手数料がかかります。商品到着時に宅配業者へお支払いください。

同文舘出版　営業部　TEL：03－3294－1801

販促物の見直し例

Before

After

角地だが、どちらの導線にもひと目で何屋かわかる販促物に変え、設置位置を修正
（長崎・てんまん香粧薬房）

Before

After

屋号の色・デザインと統一したのれん、バナー、のぼりに変更（静岡・山喜製茶組合）

2

販促物は2つの目的で組み合わせる

販促物は目的によって使い分けよう

販促物の種類は、「認知」「訴求」という目的によって大きく2つに分けられます。

認知を目的とした販促物とは、新商品の発売や、既存商品・サービスのリニューアルなどに使用されるものです。目立つアイテムを使用するケースが多く、例えばポスターやのぼり、POPなどが当てはまります。あくまでも「知ってもらう」ことが最優先です。

訴求を目的とした販促物とは、商品の特徴や魅力、使用方法などを伝えるためのものです。基本的に〝読み物〟としてじっくりと見てもらえるものが多く、チラシやポスター、リーフレットなどが当てはまります。何より「理解を深めてもらう」ことが重要です。

とはいえ、どんな販促物をどれだけ用意したらいいのかわかりませんよね。販促物が多すぎると、どこにも目がとまらなくなってしまうので、絞って設置します。

用意する販促物は、たった2つだけです。

①A型看板2枚
②タペストリー＋A型看板
③のぼり＋A型看板
④タペストリー＋のぼり

①は基本パターンです。A型看板の1枚目は、第1観測地点から「何屋かわかる」「おすすめがわかる」もの、2枚目は第2観測地点で入店を後押しする「商品ラインナップ」がわかるものや「店のこだわり」が伝わるものが理想です。

②③④は、①のパターンをベースに組み合わせを変えたものです。②のタペストリーは、店の想いや考え方を伝えるもの。③ののぼりは、「おすすめ品」や「何屋かわかる」もの。④は、②と③の組み合わせです。店舗の規模や設置環境に合わせて用意しましょう。

この組み合わせは店頭スペースや業種に合わせて選択してください。設置の目的は、第1観測地点で「認知」させ、第2観測地点で「訴求」することです。

A型看板は2つだけでOK

第1観測地点からおすすめがわかる

第2観測地点から商品のラインナップがわかる
（東京・カフェ・ド・クリエ 立川北口大通り店）

3

色統一で店舗のブランド力をアップする

店頭の3カ所で色のかたまりをつくる

ファサードや店頭販促物の色の印象は、主に次の3カ所で決まることが多いです。

①屋号の色：屋号の色と店頭販促物を揃えることで、第1観測地点から〝色のかたまり〟で認識できます。

②店舗内装の色：床や壁、什器や商品棚などの色によって、売り場全体の印象は大きく左右されます。

③商品の色：同系色の商品が大量に陳列された売り場では、それが1つの色のかたまりとなり、売り場の印象に大きく影響を与えます。

販促物は、メーカーが制作したもの、宣伝や広報など異なる部署が制作したもの、店舗で制作したものなどがあります。制作している人が異なるので、大概は色はもちろん、デザインや文字のフォント、イラストや写真のテイストが違うことが多いのです。まずは、**バラバラの販促物の色を揃えるだけでも、店のブランドイメージは格段に上がります。**

販促物は、統一感を出すことで効果が上がるため、売り場づくりに関わるすべて人に「**販促物ルールの徹底**」を促していきましょう。

例えば、店頭で使用してよい色番号やフォントを決める、色の配色比率を決める（例えば、ユニクロは赤8対白2）など共通したルールがあれば、大きく印象が異なる販促物ができることはありません。また、誰が手直しをしても元の状態に戻すことも可能です。

ショップカードや名刺、ショッパー、パンフレット、ウェブサイトやSNSも統一感を出しておきたいものです。特に最近は、ウェブサイトやSNSをチェックしてから訪店するのが当たり前となっています。ウェブサイトやSNSで見た第一印象が、実際に訪問したときに目にするファサードや看板、パンフレットなどの販促物の色がバラバラだったりすると、なかなか店を認知してもらうことができません。色統一で、記憶に残る店にしていきましょう（本章9項を参照）。

色統一した店頭で認知度を高める

のれん・フロアマット・のぼり・A 型看板すべてが屋号と同じ色（戸越銀座・坂井市アンテナショップ）

Before

After

第1観測地点から見ても、色のかたまりで認識できる

ファンクリエイション公式 YouTube チャンネル
【売れる売り場づくり】入店率アップ！ 劇的ビフォーアフター「アンテナショップ編」
https://youtu.be/KhuN75Cgnpw?si=ebCMBSzUJUvdYiVh

4

「視認距離」を意識して文字を選ぼう

お客様が読めなければ意味がない

「視認距離」とは文字通り、見て確認できる距離のことで、販促物で使う文字のフォントやサイズで見え方や印象が大きく変わります。

当然、文字サイズが大きくなればなるほど視認距離は長くなります。そもそも、読めないと意味がありませんから、販促物は必要があって掲示しているのですから、読めないと意味がありません。特に、注意や禁止事項を表示する看板などは、文字が読めないと事故につながることもあります。

では、どれくらいの文字サイズなら、どれくらい離れたところから見えるのか、ご存じでしょうか。

例えば、販促物から1m離れている場合、文字のサイズの目安は1cm、3mで3cm、10mで10cmの大きさが必要です。店頭の販促物は、どの位置から読んでもらいたいかにより、文字のサイズを選びましょう。

店のイメージを左右するフォント選び

また、フォントによって、店や商品が与えるイメージが変わることを意識したことはあるでしょうか。

例えば、「明朝体」だと、落ち着いた、信頼感のある、日本的、しなやかといったイメージ。「丸ゴシック体」だと、かわいらしい、優しい、やわらかな、子どもっぽいといったイメージがあります。

フォント1つで、印象は大きく変わるのです。

その他、

- **英文は字画が少ないため、和文よりも小さくても見えやすい**
- **太いフォントは存在感があり視認性は高いものの、文字の隙間が失われるので、遠距離からは読みづらい**

などといったポイントがあります。

自店のブランドイメージに合わせた適切なフォントを選ぶこと、適切なサイズにすることなどを意識して、販促物をつくりましょう。

文字の大きさと視認距離

文字の大きさ		視認距離
1cm	➡	1m
3cm	➡	3m
10cm	➡	10m

フォントを変えると印象が変わる

落ち着いた 信頼感のある 日本的 しなやか	**明朝体**	使用例：和菓子店・蕎麦屋・日本料理店・着物店・高級店など
かわいらしい やさしい やわらかい 子どもっぽい	**丸ゴシック体**	使用例：玩具店・パン屋・洋菓子店・子ども服店など

POPのフォント選びは大切!
自店の業種や取り扱い商品などのイメージと相違がないようにしよう。

5 通行客はイラスト・写真・図で認識する

通行客が読める文字数は1秒で4文字

私はこれまで、店頭の販促物の記載内容や見せ方ひとつで、店舗の売上が大きく変わることを実感してきました。「特売でない商品でも、販促物の記載内容を変えただけで、売上が普段の3倍近く上がった」「チラシのレイアウトを変えたら、来店客数が2倍増えた」といった事例は数多くあります。

では、どのような販促物であれば、お客様に認識してもらえるのでしょうか？　そして、売上につなげることができるのでしょうか？

そこでおすすめするのが、**「画像優位性効果」**です。文字や言葉だけで伝えるよりも、イラストや画像とともに伝えたほうが記憶に残りやすく理解しやすいということが、科学的に明らかになっています。まさに日本のことわざにもある「百聞は一見に如かず」ですね。

例えば、通行客が読める文字数の目安は、**1秒で4文字、2秒で6文字、5秒で16文字、20秒で80文字**くらいが目安です。文章が多すぎると、理解するのに時間がかかるということがわかります。

視覚情報を活用して、まず視認してもらおう

店舗の情報開示をすることで、入りやすい店と感じてもらうことができます。ただし、通行客は「10秒の法則」の通り、店頭を10秒も見ていないということを考えると、あまり情報を詰め込みすぎるのもNGです。

通行客に対する販促物は、文字で伝えたい内容をできるだけイラストや図に置き換え、商品の使用イメージも写真で表現するなどして、視覚で伝えることを意識しましょう。

まずは「興味を持ってもらう」「知ってもらう」ことに重きを置いて制作すると、入店率は大きく変わります。文字情報より視覚情報を活用したほうが、通行客へ伝達するうえで圧倒的に有利です。店頭販促では、「文字は読まない」＝「店の想いは伝わらない」ものと認識しましょう。

まずはイラスト・写真・図で目を引こう

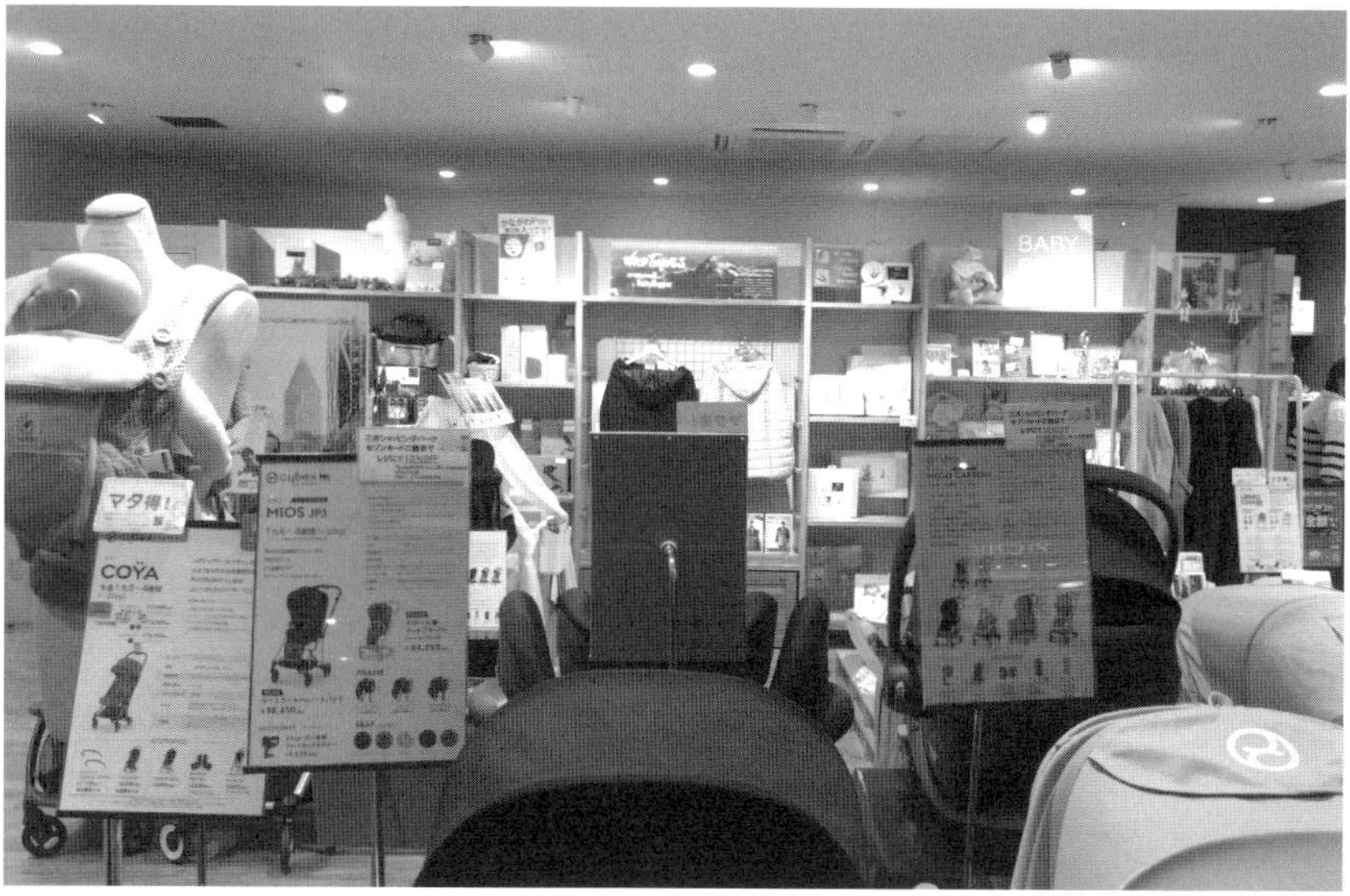

写真で目を引く商品説明 POP（神奈川・DADWAY LIFE DISCOVERY ららぽーと海老名店）

6 地下や2階以上など立地が悪い店舗の工夫

立地がよくなくても、お客様を誘引できる！

マーケティングには「立地7割」という言葉がありますす。いくらいい店であっても、立地がよくなければ成功は難しいといわれています。しかし、立地が悪いから集客できないとあきらめるのはまだ早いです。

2階以上の店舗は、道路から店内が見えづらく、場合によっては階段で入店する必要があるため、新規顧客の獲得が難しい立地ですが、改善の方法はあります。例えば、**店の眺めのよさや、店内の居心地がわかる写真**をA型看板に設置すれば、アピールできます。また、のぼりやバナースタンドに加え、**窓ガラスに吸着ポスターや袖看板などを設置する**ことで視認性を高めることができます。

地下の店舗も同様で、**ファサードで店内の雰囲気が伝わるようにする**、**特別感や隠れ家的要素を出す**などできると理想です。

特に飲食店の場合は、販促物の内容と設置場所を変えるだけで、入店効果はアップします。通行客が入店の意思決定ができるよう、店の詳細情報を記載しましょう。

・場所の案内　・店内の雰囲気　・個室の有無　・空席情報　・食べ放題、飲み放題の有無　・価格帯　・おすすめメニュー　・営業時間

入口がわかりづらい、見つけにくい路地裏や雑居ビル内などの場合などは、優先すべきは「場所の案内」です。「3m先右折」「○○（目印）の隣」「Uターンしてすぐ」など、矢印や地図を明記しましょう。

個人的には、電飾スタンド看板より、左ページのような手描きの看板のほうが人の温かみが感じられるので、入店しやすさは向上すると思います。

最後に、ファサード以外の集客方法も見直す必要があります。SNSやチラシに商品や店内の写真を掲載する、限定商品や入店情報をリアルタイムで更新する、イベント告知を見た人だけの割引サービスなどのお得情報を発信するなど、顧客満足度を上げる工夫で、路面店に引けをとらない集客も夢ではありません。

立地が悪い店舗でもできる集客の工夫

詳細な情報で意思決定を促すA型看板

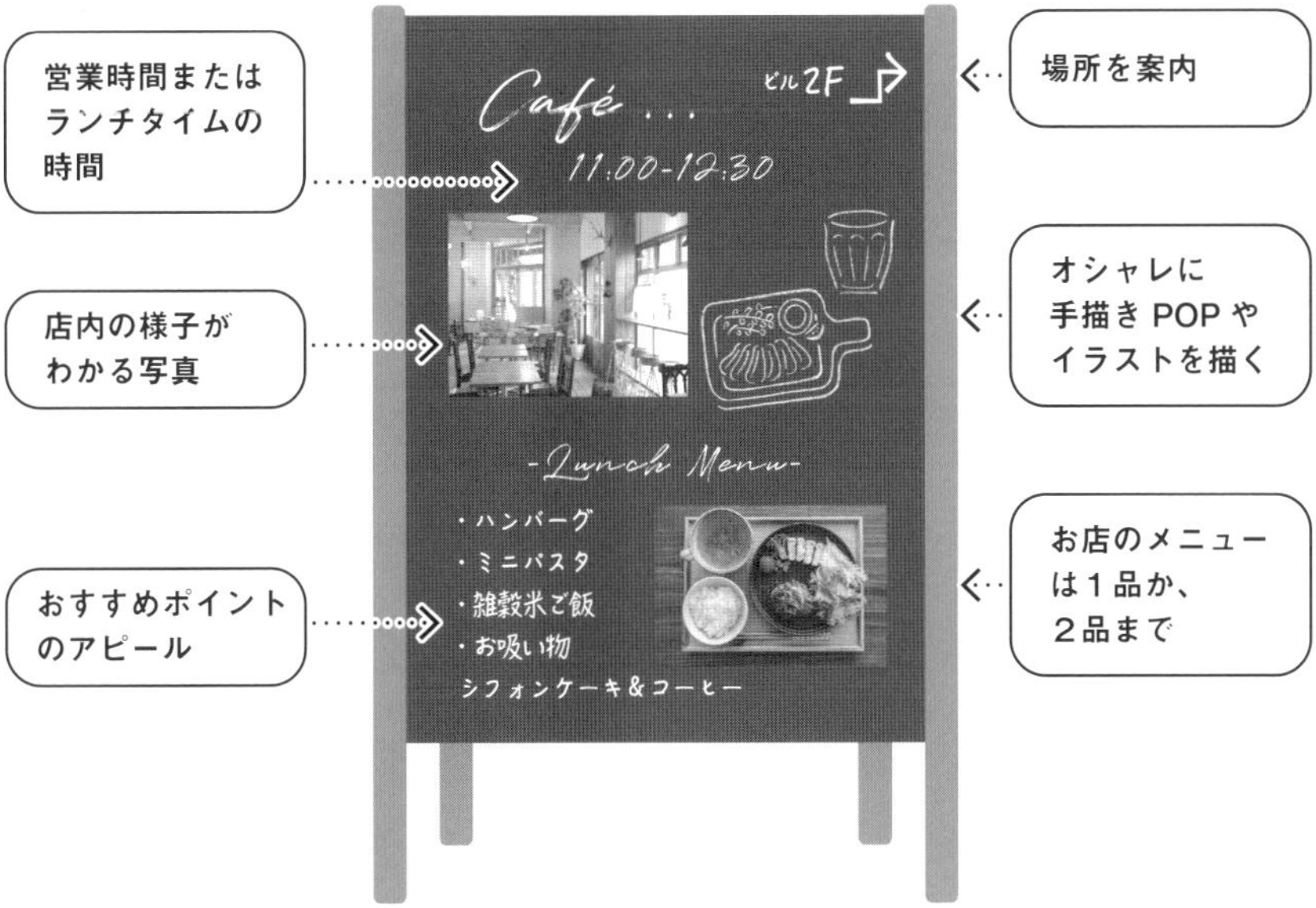

矢印でわかりやすく入店誘導

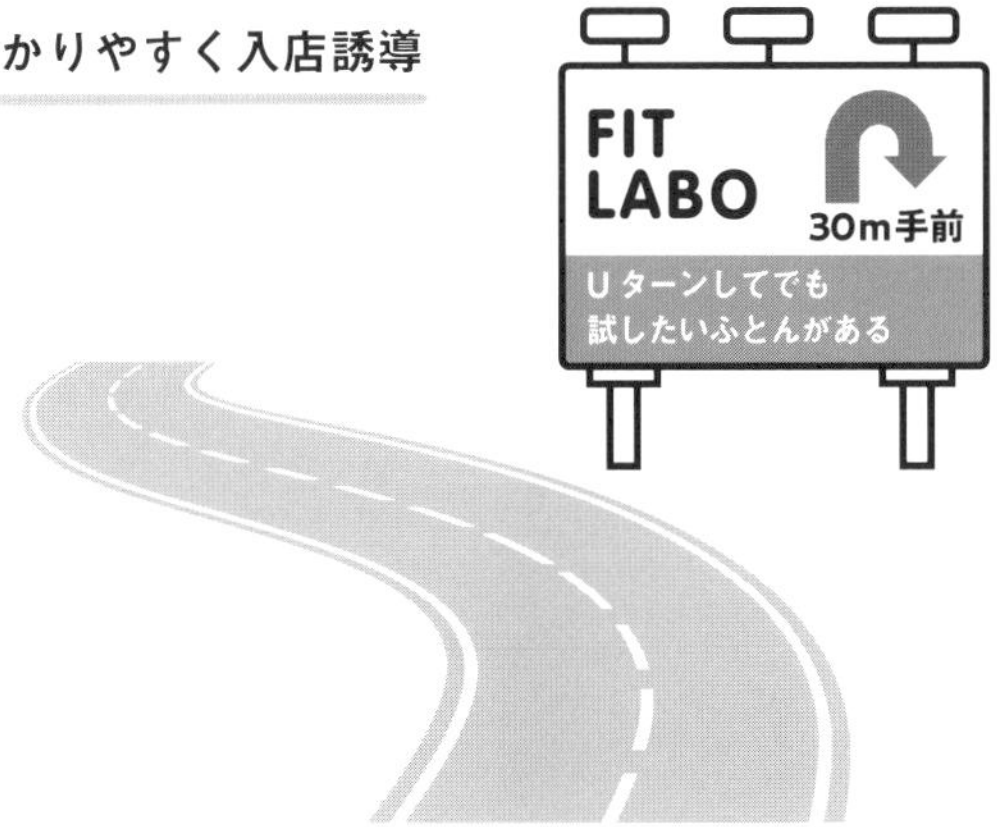

国道や県道では、左側に
看板設置するのが理想。
右側に設置する場合は、
これくらいわかりやすい
ほうがいい

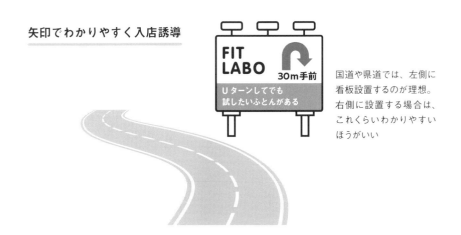

7

セットバック店舗でも集客できる「レッドカーペット効果」

床を最大限活用しよう

商店街やショッピングモールなどで店前導線よりセットバックしている店舗は、どうしても入店率が減少傾向にあります。A型看板やブラックボードを設置してもほぼ効果は見込めず、店前導線から全く店舗が認識できず、場合によっては日中でも薄暗い印象を与えてしまうこともあります。

そこでおすすめするのが「**レッドカーペット効果**」です。カンヌ国際映画祭などの式典でお馴染みのレッドカーペット。ゲストが黒のタキシードやドレス姿で登場することが多く、赤色のカーペットがゲストを引き立たせる、美しく魅せるといった効果があります。

また、地下鉄の乗り換えや大型ショッピングモールでは、床に色別で行き先を示す誘導サインなどがありますね。床に線を引いておくだけで、人の動きを誘引することができるという特徴を活かした施策です。

これらの効果を、店舗への誘引策として活用しましょう。例えば、路面店でよく活用されている**フロアマットを通常のサイズより長く設置する**のです。レンタルのものを使用している場合は、ロングタイプの取り扱いはないのですが、この機会にオリジナルで、店の屋号を入れて制作してみるのもひとつです。

インショップは、床面がつるつるした素材であることが多いので、例えば、屋号のロゴなどのステッカーを床に断続的に貼付して誘引する方法もあります。

床がコンクリートやタイルの場合は、ペイントしてもいいでしょう。単純にラインを引くだけでもその効果は得られますし、ワンちゃんの足跡などにしても楽しいですね。

こういった床を活用した誘引方法は、通行客を店内へ誘引し、入店率をアップさせるだけでなく、来店客が入店する過程でワクワク感が得られ、店の「歓迎感」を伝える魅力的な販促です。

お客様を誘引する「レッドカーペット効果」

Before

After

（横浜・カランドリエ）

Before

After

（東京・オマタストアー）

フロアマットの活用でお客様が入りやすくなる!
段差がある場合は、つまずき防止にもなる。

8 宣伝効果は2倍！ 閉店後の店頭販促

さらに入店率を向上させるために

あなたの店は、閉店後、シャッターを閉めて、照明を消して、真っ暗なファサードになっているでしょうか？

人は暗い中にほんのり明るい場所があると、目がとまるものです。ファサード部分をスポットライトなどで明るくするだけで、無意識であっても注意を引きつけられ、意外な宣伝効果・集客効果が期待できます。

夜は周りが暗いため、日中よりも店舗の存在を知ってもらいやすくなります。

また、日中と夜間では通行するターゲットが異なるため、**夜間照明でファサードによる宣伝時間が2倍になる**という効果があります。

例えば、店奥に店舗の雰囲気が伝わる場所に間接照明を、壁面のディスプレイに簡易LEDライトを、ガラスウィンドウにデジタルサイネージを設置するなどの方法が考えられます。

また、シャッターを下ろす店舗では、シャッターに店舗のロゴやサービスをデザインしたり、地元のアーティストにイラストを描いてもらったりすると、店前通行客の視線を集めることができます。

いずれの場合も、「ひと目で何屋かわかる」ことは必須です。

閉店後は、通勤客など普段のターゲットではない人に「こんなお店があったんだ」「店内はこんな感じなんだ」と気づいてもらう宣伝効果があるのです。

防犯効果も期待できる

さらに、宣伝効果だけでなく、夜間に照明をつけることは防犯面でも役に立ちます。街頭が少ない暗がりの場所や住宅街などでは、明かりが灯っていると周辺住民や通行人に安心感を与えることができるので、地域への貢献の観点からも、積極的に照明を設置することをおすすめします。

この機会に、閉店後も、店の顔であるファサードでさらなる入店率向上を目指してみてはいかがでしょうか。

閉店後の店舗でアピールしよう

店頭が明るくディスプレイで PR できている（神奈川・Yukiko Kimijima 横浜元町店）

屋号とぷりんのオブジェに目がとまり、店の存在を PR（神奈川・ぷ。ぷりん。）

9 新時代のもうひとつのファサード

リアル店舗とネットを連動させよう

インターネットが普及した現在、入店率を向上させるファサードには2種類あるといえます。1つはリアル店舗のファサード、もうひとつはネット検索によってお客様が目にする自店のウェブサイト、通販サイト、SNS、Googleビジネスプロフィールなどもファサードといえます。

「**トータルデザイン**」という言葉をご存じでしょうか。屋号のロゴマーク・印刷物・看板などのビジュアルに一貫性を持たせて店舗の世界観をつくり出すことです。トータルデザインは、ウェブサイトに訪れたお客様に入店や購買を働きかける「インストアプロモーション」として、経営計画には欠かせない大切な販促活動です。

デザインに一貫性がないとブランドイメージ自体がぼやけてしまい、人の記憶に定着せず、認知されないということは既にお伝えしました。「この色でよいか」ではなく、「この色は店舗イメージに合っているか」「この色を見てどういう印象を受けるか」などを考慮して販促物を制作することで、顧客に「この店、どこかで見たことある」と思ってもらえるようになります。

ブランドイメージは、一朝一夕には出来上がりません。そこには「継続性」が必要になります。同じ色やデザインで根気よく販促し続けることで、「どこかで見たことある」という形で徐々に認知が広がっていきます。少なくとも、トップページのバナーの色と使用するフォントだけでも統一するとよいでしょう。

ネット検索の結果がもうひとつのファサードとなった今、リアル店舗だけでなく、ウェブサイトやSNSに至るまでトータルデザインを心がけることが大切です。

ビジュアルによるコミュニケーションは、今や欠かせないものとなりました。視覚の持つ強い発信力や伝達力を活用すれば、店舗の商品やサービスのイメージや価値をさらに高め、顧客獲得につなげることができるようになるでしょう。

リアルとネットを連動させた事例

通販サイトとミッション

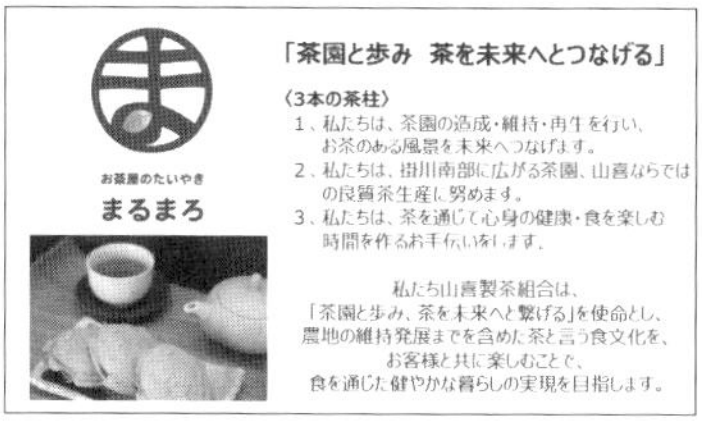

（静岡・山喜製茶組合 お茶屋のたいやき「まるまろ」）

Instagram

リアル店舗の販促のぼり

商品パッケージ・パンフレット

店頭ファサード

Column ❹

売れる売り場づくりの「オタク」になりたい

街を歩いていると、ついついシゴト病で、魅力的な店舗のファサードを見つけては、「あっ、このお店すごくいい」とすぐに撮影したり、「あのお店、ここをこうしたら、もっと通行客に気づいてもらえるのに」とひとりで勝手に改善案を考えたりしてしまいます。

先日、札幌、静岡でそれぞれ売り場づくりの専門家として活動している知人2人と、札幌で集まる機会がありました。そのうち、静岡を中心に仕事をしているAさんは初の札幌だったので、行きたいところ、食べたいものなどいろいろとあったはずなのに、「花より団子」ではなく「花より団子より売り場づくり」で、2日間、朝から晩までとにかくずっと売り場づくりや販促、未来のリアル店舗についての話ばかりしていました。

後日、札幌のBさんのSNSには、

「食べて、しゃべりまくった2日間。会うのは5年以上ぶりだけど、会ってすぐに、売れるための店づくりの話やVMDに関する話しかしなかった。3人集まると熱量がすごい！　販促の話を熱く語りまくれて、幸せでした」

と、札幌スープカレーの写真とともにアップされていました。

- **徹底して「お客様の視点」であること**
- **徹底して「店主や依頼主の視点」であること**
- **あらゆる「難アリ現場」を乗り越えてきたこと**
- **「楽しみ」を見出すことが好きなこと**
- **なんだかんだ言っても「仕事が好き」なこと**

そんな共通点を持つ3人だから、話が尽きなかったのだと思います。

私は、「店舗活性コンサルタント」を名乗ってはいますが、どうも「コンサルタント」という肩書がしっくりきていません。売れる売り場づくりの「オタク」と呼ばれることを目指したいなと真剣に考え始めている今日この頃です。

第5章

入店客を店奥へ誘引する！売り場のつくり方

1 「入店客」を「来店客」に変えよう

来店客に変えてこそ入店率アップが実現する

「入店」と「来店」は似ている言葉ですが、本書では意図的に使い分けをしています。

一般的に、通行客が一歩でも店内に入ってくれたら、それは「入店」です。「入る」とは、店の外にいた人が中に移動する様子を表します。単純に「人の出入り」を示す用語です。

一方、「来店」とは、「ご来店ありがとうございます」という言葉がある通り、店にとってのお客様がやって来るということを意味します。つまり、わざわざ自店をめがけて来るお客様が訪れるということです。

どちらも「店に入る」ことには変わりはありませんが、少し意味合いが違うのです。

これまで繰り返し、「入店率を上げれば、売上は上がる」とお伝えしてきましたが、入店率アップは、単に「入店」の回数を増やすだけでは実現しません。**通行客を入店させ、来店客に変える**ことができて初めて売上アップにつながるのです。

飲食・サービス業は、「通行客が入店する」だけで売上が上がりやすい業種です。一方で、物販店の場合、入店するだけでは売上が上がるとは限りません。入口付近の商品をちょっと見て出て行ってしまうこともざらにあります。

お客様が店奥まで回遊している店と、店頭だけしか見ない店ではどちらが購買率を向上させられるかは、おわかりですね。店奥まで回遊するということは、それだけ商品に触れる機会が増えます。滞在時間も延びやすくなります。そして店内を回遊する中で、商品に触れたお客様が「わぁ、これかわいい」「こんな商品あるんだ」「ちょっと試してみたい」などと購買意欲に火がついた瞬間が、入店客が来店客に変わる瞬間です。

このように、入店率アップの施策は、**入店したお客様を店奥まで誘引させせて初めて完了します。**本章では、入店客を店奥へ誘引する方法をお伝えしていきます。

どちらも同じ「入店」には違いない

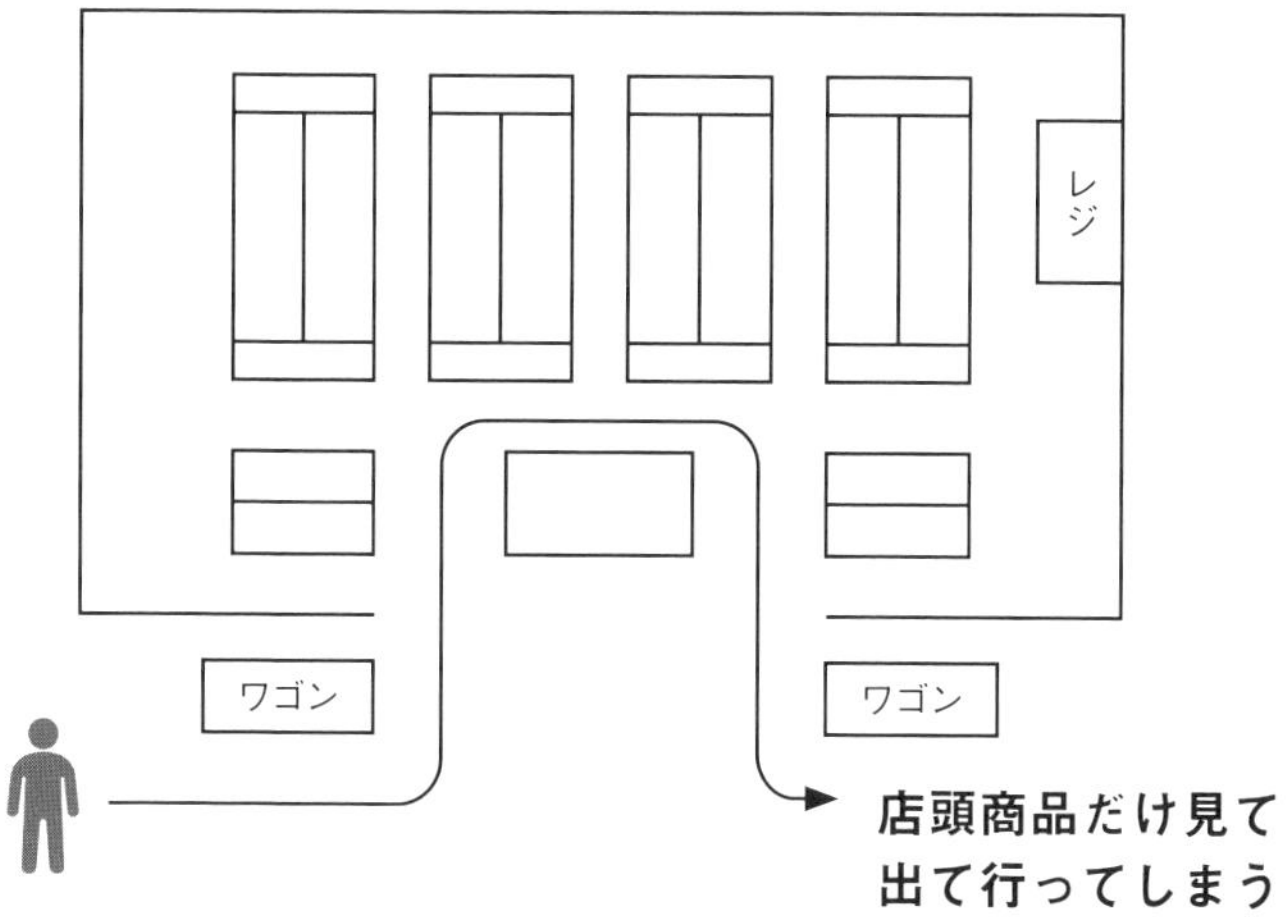
レジ
ワゴン
ワゴン
店頭商品だけ見て
出て行ってしまう

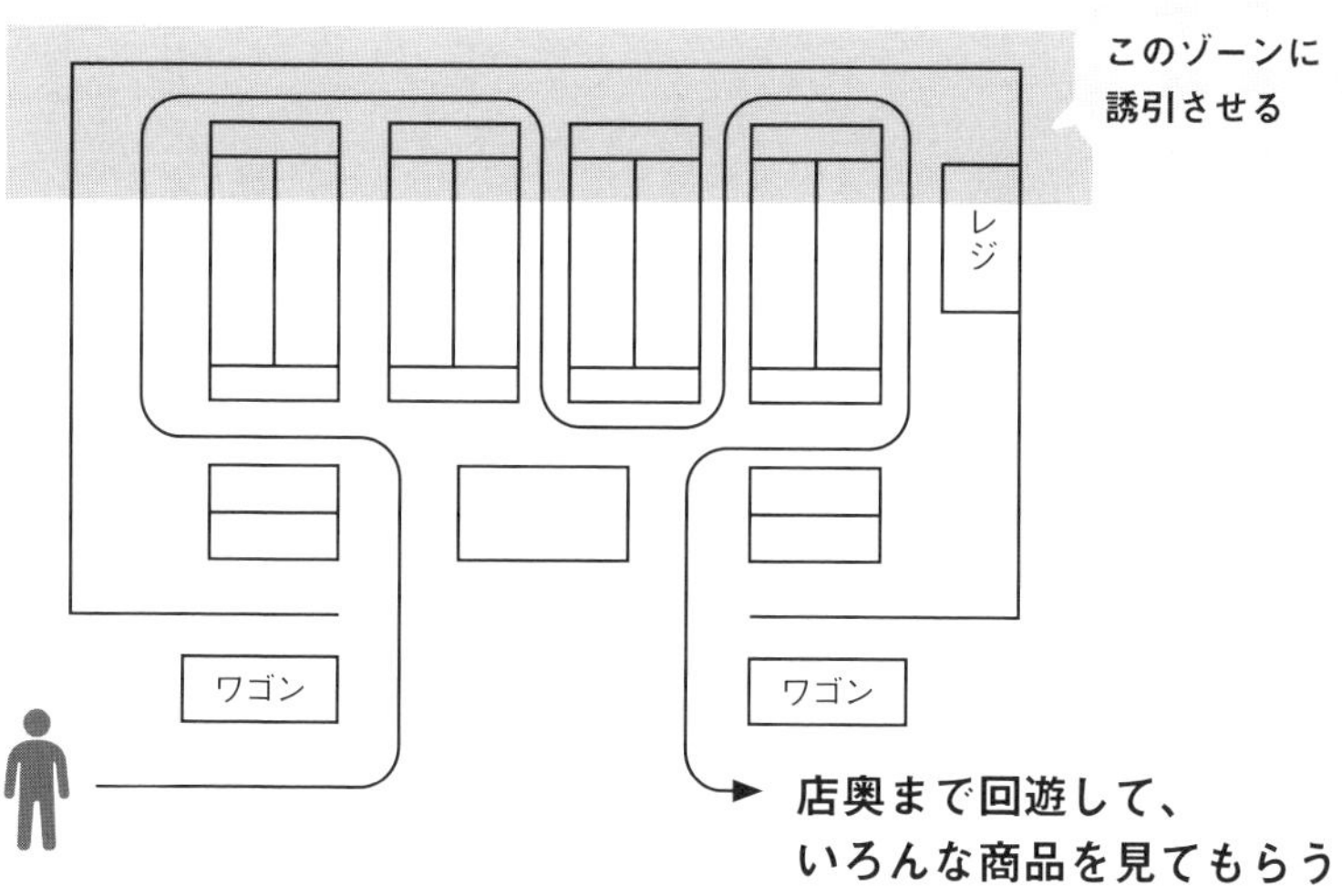
このゾーンに
誘引させる
レジ
ワゴン
ワゴン
店奥まで回遊して、
いろんな商品を見てもらう

➡ 目指すのは、こちらの「入店」

2

お客様を店奥へ誘引すれば売上はアップする

自店のイチ推し商品でワクワク感を演出しよう

前項でもお伝えしたように、通行客を店頭で「立ち止まらせる」だけでなく、店奥まで誘引できてこそ売上は上がります。

そのためにもうひとつ、必要なステップがあります。それは、**入口から店内を見渡したときに「目にとまらせる」スポットを設置する**ことです。

ここで思い出していただきたいのは、第2章4・5項でお伝えした「2つの観測地点」の撮影方法のうち、「平台または入口で180度で、3枚撮影する（第2観測地点）」です（53ページ）。

入店したお客様が、この位置で店内を瞬時に見渡した際に、**入店したくなるような展示**があるかどうかが重要です。この展示がないと、入店客は店奥へ行く理由が見つからず、入口付近の売り場だけを見て、ほしいものがなければ出て行ってしまいます。

昨今は、壁面の棚上段は「お客様の手が届かない場所だから」という理由で、商品は置かずに観葉植物や小物などのオブジェ、ブランドの販促物が置かれている店舗をよく見かけます。しかし本来、その場所は、入店客を店奥へ誘引する**売りにつながる重要な場所**なのです。

例えば、棚に陳列されている商品とともに、棚上段で季節を感じさせる商材や関連商品を使用したディスプレイでワクワク感を演出したり、商品の使用イメージが湧く写真パネルやタペストリーを掲示したり、生産者のこだわりや製造工程を記したボード設置をするなど「立ち止まらせる」工夫をします。

入口から「目にとまらせる」展示で入店客の興味を引き、店奥まで誘引できれば、商品を「手に取らせる」行動につなげることができます。

「入店率が上がれば、売上が上がる」というのは、この「立ち止まらせる」「目にとまらせる」「手に取らせる」の3つの行動の連鎖の結果なのです。

店頭で立ち止まったお客様を店奥へ誘引しよう

メイン通路 **サブ通路**

**来店客の80％以上が店奥まで
回遊することを目指す**

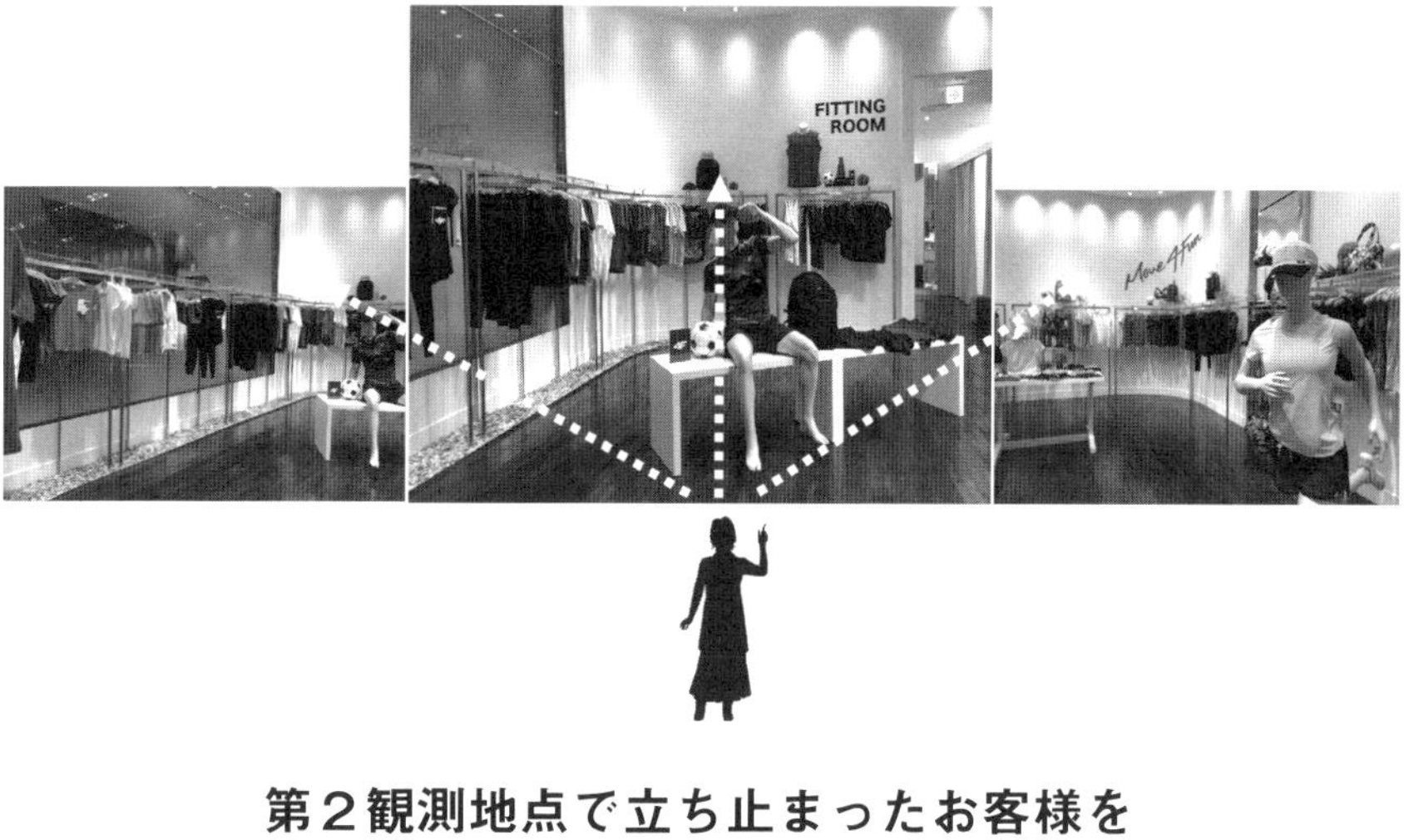

**第２観測地点で立ち止まったお客様を
店奥へ誘引する**

3 「目にとまらせる」場所を意識的に増やす

展示場所のポイントは入口からの見え方

前項でもお伝えした入店客を店奥へ誘引するための重要な場所とは、具体的には次のような場所です。

①通路ドン突きの突き当たりの壁面
②棚上段
③棚側面（マグネット売り場）
④入口付近
⑤レジ周り
⑥柱周り

入店を促すという目的で、特に強化してもらいたい場所は、物販・食物販店の場合だと①②④⑤です。ここに演出や展示がないと、「このお店で買いたい」と来店客に購買意欲を湧かせることはできません。

スーパーやコンビニエンスストア、雑貨店、文具店、サービス店の場合は①④⑤⑥で、「どんな情報を伝えるか」で興味を引きつけることができます。特に⑤のレジ周辺では、来店客がレジ待ちで並んでいる数分間はＰＲタイムと捉えましょう。読ませる販促物などを掲示すると、有効です。

飲食店の場合は、入店した瞬間のワクワク感は④で、その後の購買率を向上させるためには着席したときに見える①⑥に、おすすめのメニューや次回イベントの予告などを掲示できるといいでしょう。

店内に展示がないと、入店客は売り場を素通りしてしまいます。展示を意識的に増やすことで、店内に「目にとまる」機会が増え、滞在時間を延ばすことにつながるため、購買率の向上が見込めるようになります。

入店客の滞在時間が短いと感じる、見てもらいたい商品になかなか気づいてもらえないなどの場合は、この6つの場所を重点的にチェックして改善してみましょう。

店舗の什器の都合上でどうしても展示を増やせない場合は、陳列棚のゴールデンゾーンに展示をつくるという手もあります。「できない」ではなく、「どうやったら増えるか」という視点で取り組んでください。

目にとまらせる「展示場所」

棚上段や壁面上部

レジ待ち時に見える場所

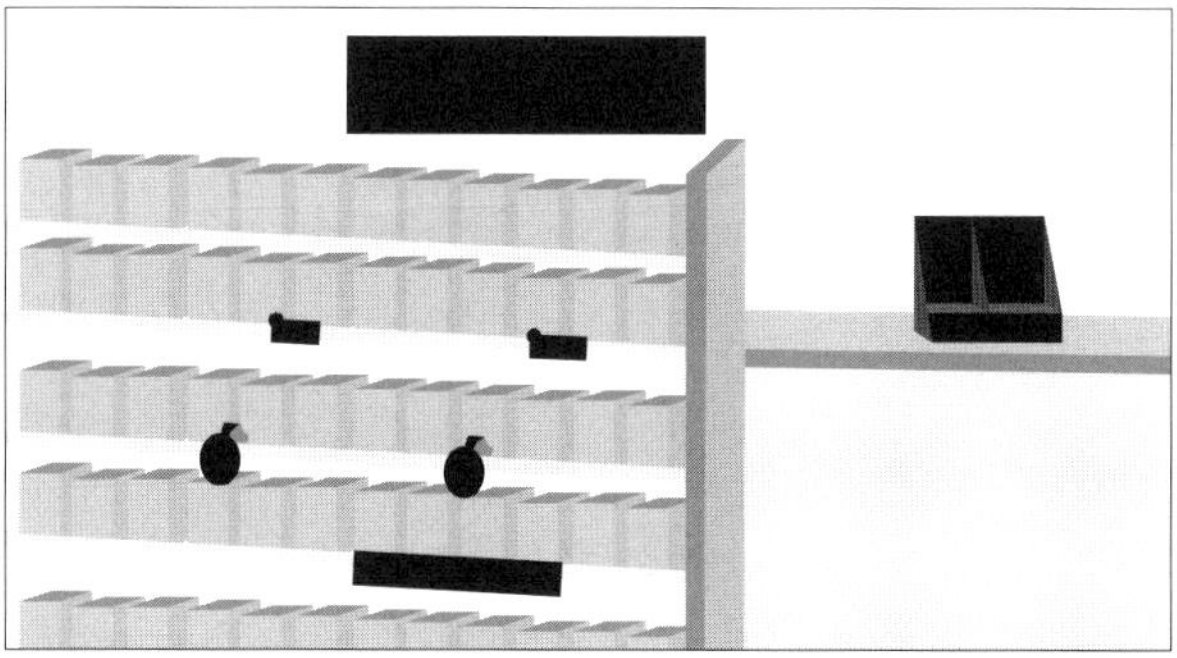

着席してから見える場所

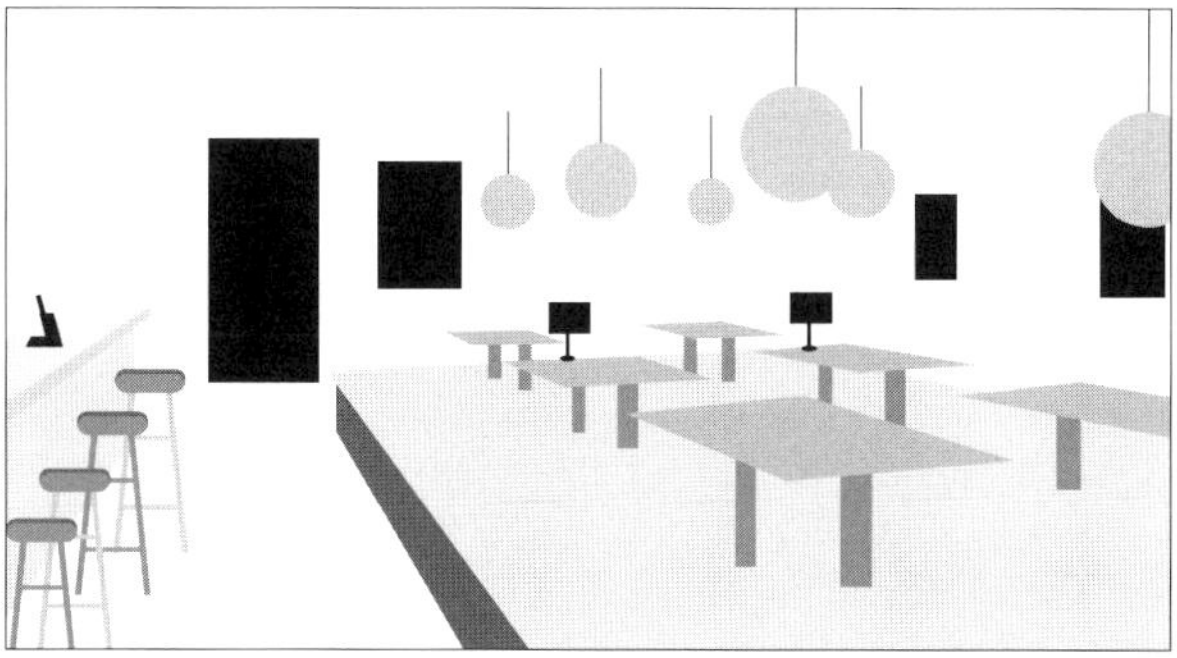

4 衝動買いを引き起こす「多重配置法」

複数個所に繰り返し展示する

店頭で新商品やおすすめ品を伝える方法には、

- **ウィンドウや平台にディスプレイの演出をする**
- **A型看板やブラックボードを設置する**
- **のぼりやタペストリーを設置する**
- **ポスターやPOPなどの販促物を設置する**
- **商品を積み上げる**
- **商品のフェイス（陳列面）を広げる**

などがあります。

通行客に入店してもらい、店奥へ誘引させるために効果的なのが、商品展示や販促物を効果的な展示場所に設置し、商品を重複展開する「**多重配置法（飛ばしの法則）**」です。

入店して購買してもらうには、通行導線から商品を見てもらう、つまり「目にとまらせる」機会を増やすことが大切です。そこで、同じ商品を入口や平台の位置から見える展開場所複数カ所に、繰り返し配置することで、

通行客の目にとまるようにするのです。

新商品や商品が、ビビッドな色やインパクトあるイラスト・柄の場合は、特に目にとまる率は高まります。多重配置法は、売れ筋商品などの推奨品をPRしたい場合はおすすめの方法です。

飲食・サービス業はトイレも活用しよう

飲食業やサービス業の販促物は通行客の導線の他、トイレの個室の中などに展示するのもよいでしょう。

同じ販促物が、店内だけでなくお客様が立ち止まるさまざまな場所に繰り返し配置されることで、お客様の記憶に残り、自分に必要な商品だと感じてもらえれば、入店や購買につながります。

この多重配置の法則は、入店率向上だけでなく、売上向上策としても効果的ですので、覚えておくといいでしょう。

多重配置法の例

平台の商品を店奥の棚に繰り返し展示して PR を強化する

（千葉・ハウス オブ ローゼ 柏高島屋ステーションモール店）

クリスマス販促ツールを多重配置してギフト需要を高める

（埼玉・DADWAY さいたま新都心店）

5

「三角構成」でディスプレイの視認性を高める

ディスプレイ基本の3つの構成

通行客を「立ち止まらせる」、入店客の「目にとまらせる」役割をするディスプレイ。せっかく素敵な商品を仕入れても、ただ漠然と棚に並べるだけでは、残念ながら入店や購買につながらない可能性があります。店舗は**通行客や来店客との出会いの場**です。そのために店頭や店内での商品の見せ方を知っておきましょう。

左ページが、ディスプレイの基本の3つの構成です。

①三角構成（トライアングル）

商品や演出小物、POPなどの装飾全体を三角形型に構成することです。末広がりになることで、誰が見ても心理的に「美しく」「心地よく」「落ち着き感」があり、目にとまりやすいのです。また、細かい商品や小サイズの商品は商品量を増やして大きな「かたまり」にして見せることで視認性を高めることができます。

雑貨店や食物販店は、商品によって大きさにばらつきがあるため、特におすすめの手法になります。

②左右対称構成（シンメトリー）

中心から左右対称に商品や装飾を配置する構成で、バランス感覚と安定感があり、落ち着いたイメージを与えることができます。

③繰り返し構成（リピテーション）

同じ種類の商品や同じ種類の色違い・柄違いの商品を三角構成にしたものを、繰り返し並べる方法です。同様のパターンを繰り返し見せることで、リズムや連動性を感じさせ、商品の特徴や打ち出し強化商品を自然に認識させる構成です。

展示方法を変えるだけで印象が変わる

「うちはオシャレな店ではないから、ムダだよ」「商品の並べ方は感性やセンスがいるから、難しいよ」という方でも、この3つの構成であれば簡単にできます。

展示方法を変えるだけで、通行客や来店客に与える印象を大きく変えることができるので、「三角構成」だけでもチャレンジしてみてください。

ディスプレイの「三角構成」

①三角構成（トライアングル）

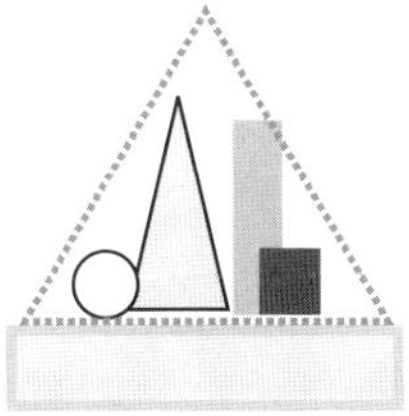

②左右対称構成（シンメトリー）

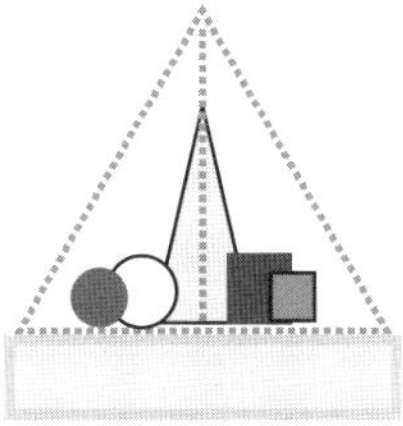

③繰り返し構成（リピテーション）

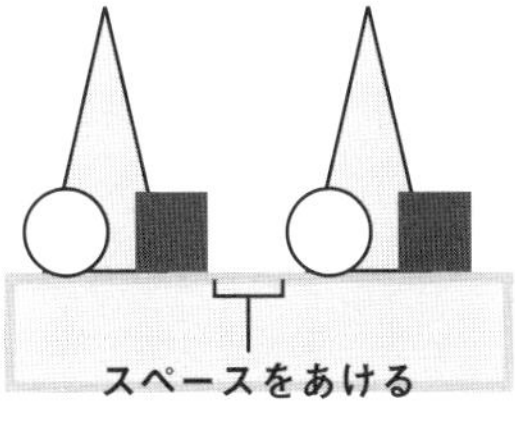

三角構成（トライアングル）の種類

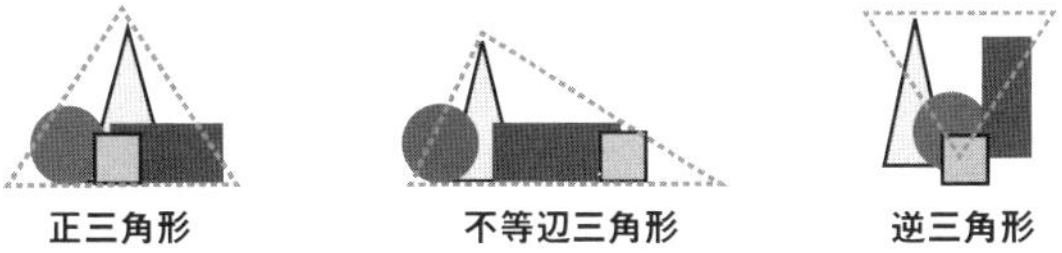

6 客単価をアップするセール品の展開方法

セールは3期で展開場所を変える

年度末や半期に一度など、店舗で大型セールを行なうことがあると思います。セールは事前告知をしておくのは鉄則ですが、いつもと同じような売り場で、セールの赤い販促物を店内に散りばめればいいというものではありません。セールも戦略的に展開する必要があります。

【前期】ディスプレイや棚に陳列できる在庫が潤っている→店頭全面

【中期】品薄になり始めているが、陳列はできる物量がある→店頭中央壁面から後方壁面

【後期】ほぼ在庫はなくなり、ワゴンでまとめられる→店頭後方やレジ周辺

というように、在庫量やセール期間に合わせて展開できると望ましいでしょう。在庫が多い前期であれば、セール品の合わせ買いが起きるので、売上は向上する傾向がありますが、中期・後期になってくると、セール品だけ売れても値引き率が高いため、売上貢献にならないケースが多いのです。

そのため、中期・後期は、プロパー品を店の入口付近と店の中央で展開し、店舗後方やレジ付近でセール展開ができると、プロパー品を購入したうえでの「合わせ買い」となるため、客単価を向上させることができます。また、セール品だけを目当てにしている購入客の防止にもつながります。

セール展開場所へ誘引しよう

前期は、店舗全体に赤色や黄色などの目立つ色でのぼり、バナー、A型看板やPOP設置がされているため、誰が店前を通行してもセール中だと認識してもらえますが、中期・後期になると、通行導線からは認識してもらえないケースが多々あります。

そこで中期・後期は、セール展開場所がどこかひと目でわかるよう、工夫しながら展開しましょう。

セール期の３つの展開方法

セール前期

店頭・店内全体で展開

セール中期

入口から中央～後方で展開

セール後期は後方で展開

後方やレジ付近で展開

7

FC編①

本部やエリアマネージャーとの交渉のコツ

売り場を撮影して改善交渉しよう

店舗によっては、VMD指示書通りに売り場づくりをしたら、必ず写真撮影をして本部へ送付しなければならなかったり、エリアマネージャーが売り場チェックするので、勝手にディスプレイや陳列は変えられないというケースも少なくありません。

私は、この本部の「指示通りにできているか」を確認する作業に疑問を感じています。全国の店を回っていると、店長やスタッフの中にも、「私はこうしたほうがいいと思っているんです」という方がいらっしゃいます。それならば、なぜ改善しないのか理由を尋ねると、答えは「本部の指示だから」なのです。

そこで、本部も店舗も納得して改善できるとっておきの秘策をお教えします。前述した「顧客視点で写真を撮る」ことです。顧客の通行導線から撮影した画像を確認すると、売り場の課題が次々抽出できます。この位置からはディスプレイが見えないとか、物量が多すぎて商品が探しづらいとか、棚に詰め込みすぎて商品が手に取りづらいとか……。

ポイントは、ビフォーとアフターの両方を撮影することです。ビフォー・アフターの写真を比較して、明らかにアフターのほうがいいと一目瞭然であれば、本部に「これで2週間売れるかどうか試させてほしい。売れなければ元に戻す」という条件で交渉してみてください。

本部は、売上がいい店舗にはラウンドせず、売上が低迷している店舗に口も手も出すわけで、極端な話、売上が上がりさえすれば何も言わないのです。もし本部の指示通りの売り場づくりで疑問を持ったのならば、黙って言う通りにするも、自分の意志で交渉して改善するも、それはあなた次第です。

ただし、交渉する際は、「自分がやりたいから」ではなく、「お客様のため」という**顧客視点で伝える**ことを忘れないようにしましょう。

本部やエリアマネージャーとの交渉のポイント

Before

After

（大阪・ダッドウェイ なんばパークス店）

8

FC編②

VMD指示書は売れない売り場づくりの第一歩

売り場は店舗によって違う

最後に、フランチャイズ（FC）店舗の売り場づくりについてお話しします。

本部から配られるVMD指示書があることによって、売り場づくりがわからないスタッフでも、ディスプレイの知識がなくても、写真を見ながら売り場づくりができるため、本部がわざわざ店舗に出向かなくても全国にFC展開することができます。

ただ、売れている時代であればそれでもよかったのですが、今はその方法も見直す必要があると思っています。

VMD担当の大半は、昨年の実績を踏まえた商品分析を行なっていると思いますが、独学であることが一般的で、VMD業務が属人的になりがちなのが課題です。

自店で売れるかという視点ではなく、自分の感覚で売りたいと思う商品を選定し、ディスプレイ指示を出しているケースが多いのです。

一方、現場の店長やスタッフは「本部の指示だから」といって、何の疑問も持たずに指示書通りに展示すれば売れると信じ、売れない要因は来店客の減少や商品のせいだと思っているケースが少なくありません。

ただ、店舗の立地や規模により、通行導線からの見え方は異なります。地域によって商品の売れ筋は決して同じではありません。これを統一したマニュアルでコントロールするのは、正直なところ無理があります。

新時代の売り場づくりは、**VMD指示書ではなく「VMD提案書」へ、本部主導から店舗主導へ**切り替えることがカギとなります。VMD提案書はシンプルなもので、店舗に合った展示を現場が行なえるようにする手引きでいいと考えています。

売れる売り場づくりは、現場でしかわかりません。店舗主導にすることで、店長やスタッフが来店客の購買行動を観察し、立ち寄り率や手に取り率を分析して売り場を変えるという基本ができるようになります。何より、店長やスタッフの成長、売上向上につながります。

VMD 提案書の例

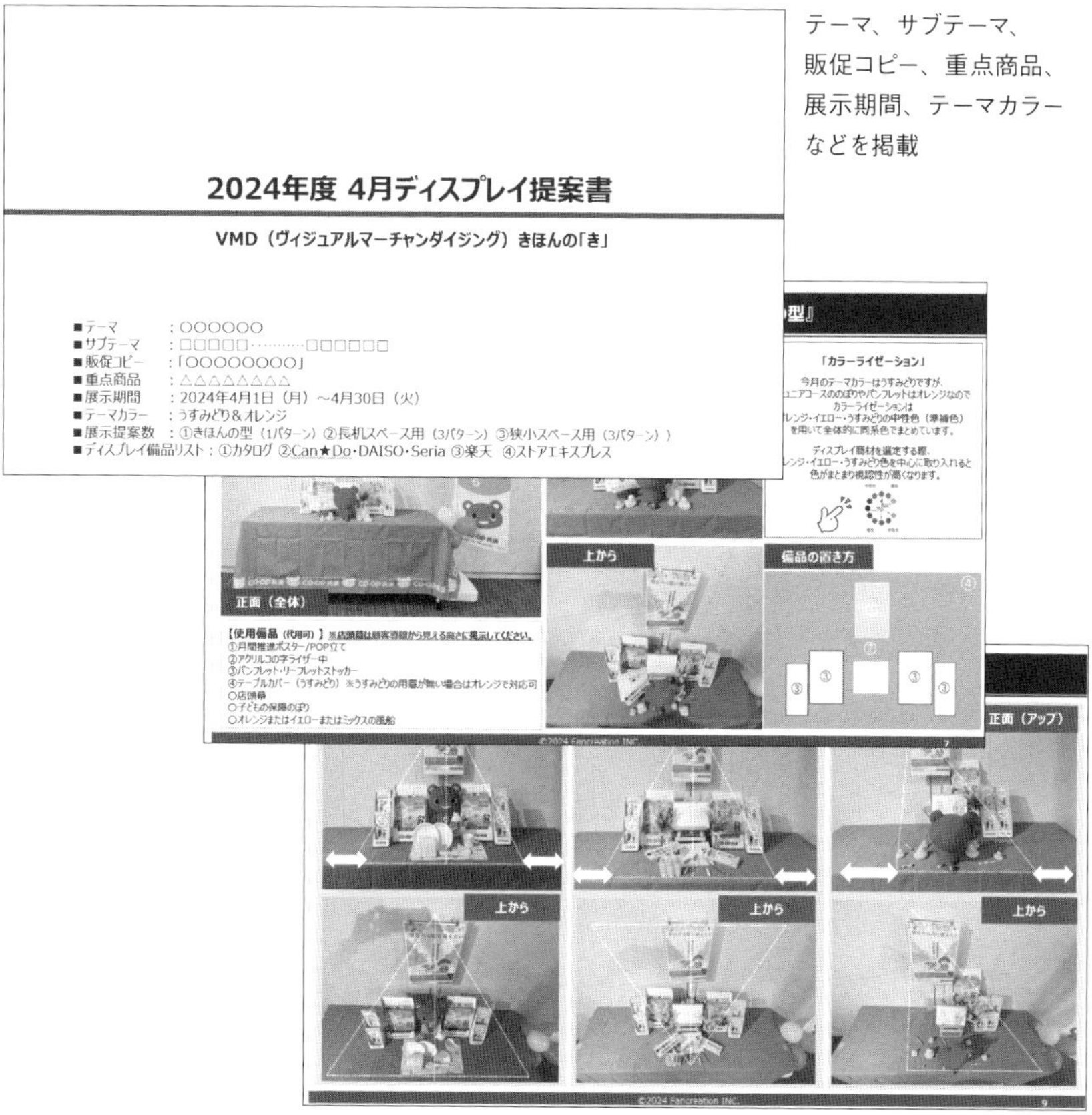

テーマ、サブテーマ、
販促コピー、重点商品、
展示期間、テーマカラー
などを掲載

平台ディスプレイの演出バリエーション。
店頭鮮度に役立つ

Column ❺

店内の回遊導線のヒミツ

本章でもお伝えしたように、店内の回遊時間が延びれば、売上が上がります。ここでは、お客様の**回遊導線**で人の流れが変わり、売上も左右するというお話をしたいと思います。

人間は、自然と反時計回りに行動してしまうといわれています。これを「**左回りの法則（反時計回りの法則）**」といいます。

スーパーマーケット、コンビニエンスストア、ドラッグストアなどは、この法則に従い、入口→商品棚→レジの導線が左回りに設定されています。

例えば、コンビニエンスストアは、入口→日用品→ドリンク→弁当→デザート→レジという導線になっています。理由は諸説ありますが、多くの人は右利きであるため、左手にカゴを持ち右手で商品を取るので、左回りのほうが一般的には都合がいいようです。

一方で、あえて回遊導線を右回りに設定しているケースもあります。その代表がお化け屋敷です。右回りにすることで、人に違和感を与える意図があります。昨今の大型店のスーパーマーケットでは、これまでの左回りから、あえて右回りにすることで滞在時間を伸ばし、購買率を向上させているケースもあります。

また、エキナカのような店舗では、短時間で目的商品を探せるように、あえて左回りにしているケースもあります。最寄品だけでなく、狭小タイプの店舗では効果的ですね。

店舗の立地や規模にもよりますが、これまで当たり前だった回遊導線を見直すことも、売上向上の施策のヒントになるかもしれません。

第6章

入店率は高めて終わりじゃない！「ファン化」につなげるヒント

1 「入店客」を「再来店客」に変えよう

リアル店舗の来店には動機づけが必要な時代

入店客数が増えれば売上は上がりますが、再来店につながるかというと、それはイコールではありません。

スーパー冬の時代といわれていたコロナ前、既存店の売上高と客数の伸び率で2年連続の日本一を達成したのが、都内を中心に100店舗以上を展開する「サミット」です。「サミットが日本のスーパーマーケットを楽しくする」というビジョンを掲げ、買い物でお客様を楽しくさせるワクワク新戦略で平凡なスーパーからの脱却を実現しました。

近年、リアル店舗ではモバイルオーダーが、ECではオンライン試着や接客など、さまざまなデジタルサービスが導入されており、「スムーズで効率的な買い物体験」は消費者にとって当たり前になりつつあります。

そうした状況下で、リアル店舗でお客様の満足度をさらに高めていくためには、スムーズな買い物体験以上の**「楽しさ＝ワクワク」を提供することが新時代の売り場づくりのカギ**になります。

店舗は明るく清潔感があるか、商品を知ってもらう試飲・試食はあるか、BGMをかけるか、香りの演出はどうか、コトPOPはあるかなど、どの業態も店内を見渡したら、「ワクワク感」を生むヒントはたくさんあるはずです。

せっかく入店数が増えても、来店客の「期待値が下がる」はもってのほか、「期待通りだった」ですら、今の時代は再来店にはつながりにくいのです。前回来店したときと比較して、何か1つでも新しい「ワクワク感」を提供し続けることが大切です。これを「**店頭鮮度**」ともいいます。商品が整理整頓されていた、ディスプレイが変わっていた、POPが新しくなったなど、店頭の変化が伝わるかどうかなのです。これからは、「リアル店舗ならではの強みを活かした買い物の楽しさを感じる体験＝ワクワク感」こそ、リアル店舗に足を運んでもらえる来店の強い動機づけとなるはずです。

顧客（リピーター）獲得の重要性

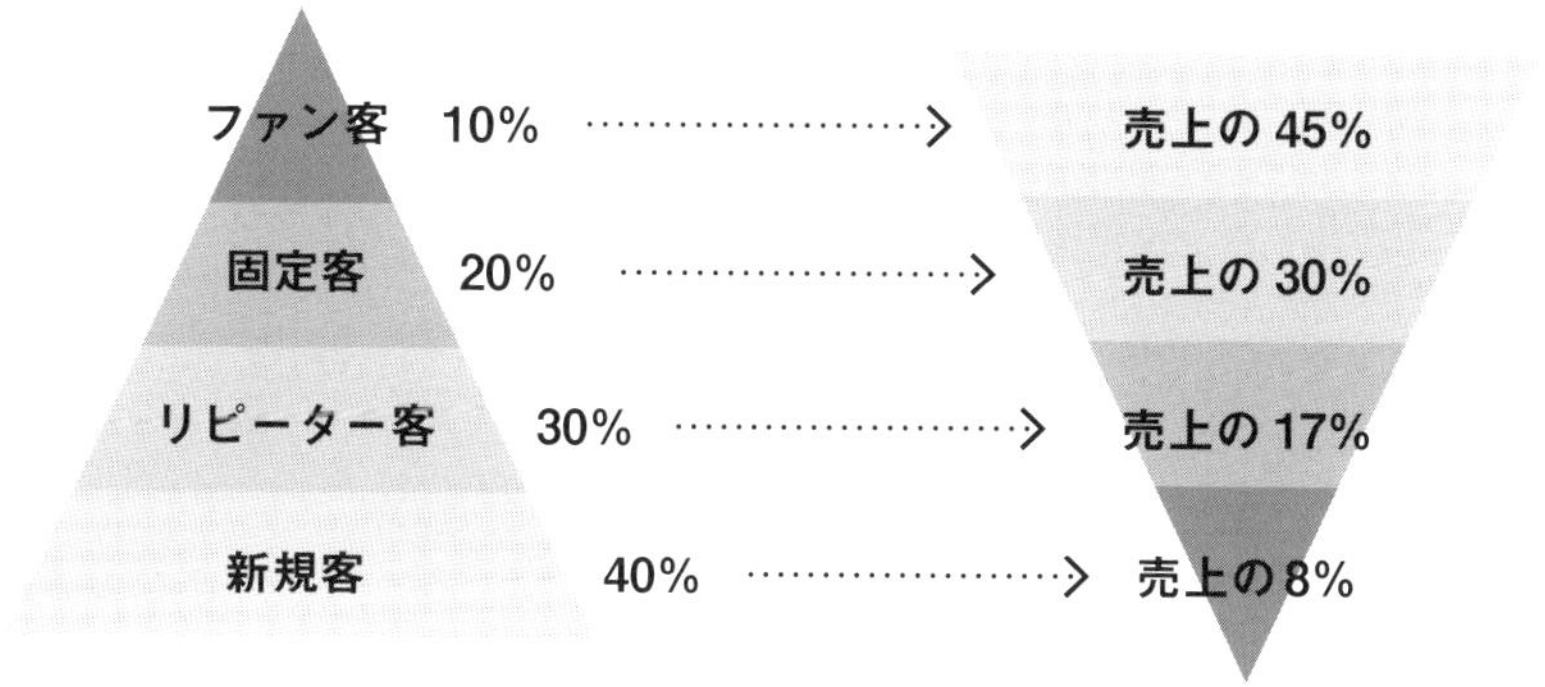

全体の 10%の「ファン客」の売上が 45%、20%の「固定客」の売上が 30%、30%の「リピーター客」の売上が 17%を占めている

上位 60%のお客様で全体の９割以上の売上を上げている

全体の 40%の「新規客」は 8%しか売上を上げていない

新規のお客様も大切だけど……

たった８%の売上のために高コストをかける必要があるのか？

数年前によく来てくれた常連客で、

最近見かけなくなったということはないか？

「ファン」のお客様が来店し続けてくれる仕組みづくり

＋

「固定客」「リピーター客」が再来店してくれるきっかけづくり

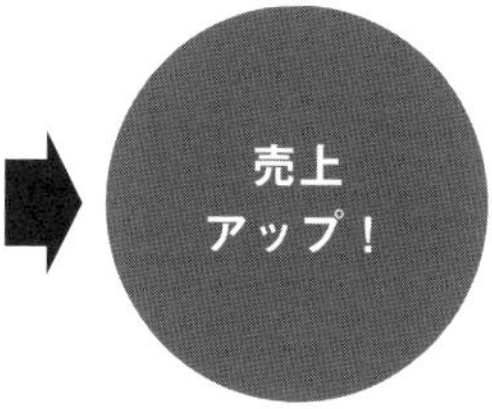

2

店の「こだわり」は何度でも伝える

それは本当に伝わっているか

伝えるということは、難しいものです。自分が手間暇かけてつくった商品や、お客様の顔を浮かべて仕入れた商品の「こだわり」を伝えるために、どのような販促を駆使して、どれだけ伝えられているでしょうか。

伝えるべきことを伝えられている店主は少ないように感じます。伝えるべき店主の想いや商品の価値がたくさんあるのに、伝わっていない……そんなもったいない店舗にいくつも出会ってきました。

私が訪店すると、大半の店主は、自慢の商品やサービスの数々を丁寧に説明してくださり、「へ〜！」「素晴らしいですね」「そうだったとは知らなかった」ということばかりなのですが、その後、私が必ず質問するのが**「それって、お店のどこに書いてありますか？」「その話は、お客様はご存じなのですか？」**ということ。

「そんなこと言わなくたって、うちのお客様は知ってるよ」と答える店主は少なくないのですが、店主とお客様の感覚は異なります。店主なら当たり前に知っていることも、お客様にはわからないことがあります。伝えているようで、伝わっていないことはたくさんあるのです。

店の「こだわり」を伝えるには、**「誰に」「何を」を意識する**ことが大切です。例えば、「うちのあんこは、いろんなあんこを食べ尽くした〝あんこ通〟の人に来店してほしい」ということを、店頭販促ツールを用いて、視覚化（見える化）して伝えます。そして、何度もしつこいくらいに伝え続けるのです。

来店するのは、店のことをよく知っている常連客ばかりではありません。また、販促物をつくっても、お客様がきちんと見てくれているとは限りません。あなたのお店の「こだわり」を知らないお客様がいるということを自覚し、接客はもちろん、ありとあらゆるツールを活用して、店主の想いや商品の価値を視覚化し、それに共感してくれるファンを増やしていきましょう。

「こだわり」や「想い」は何度もしっかり伝えよう

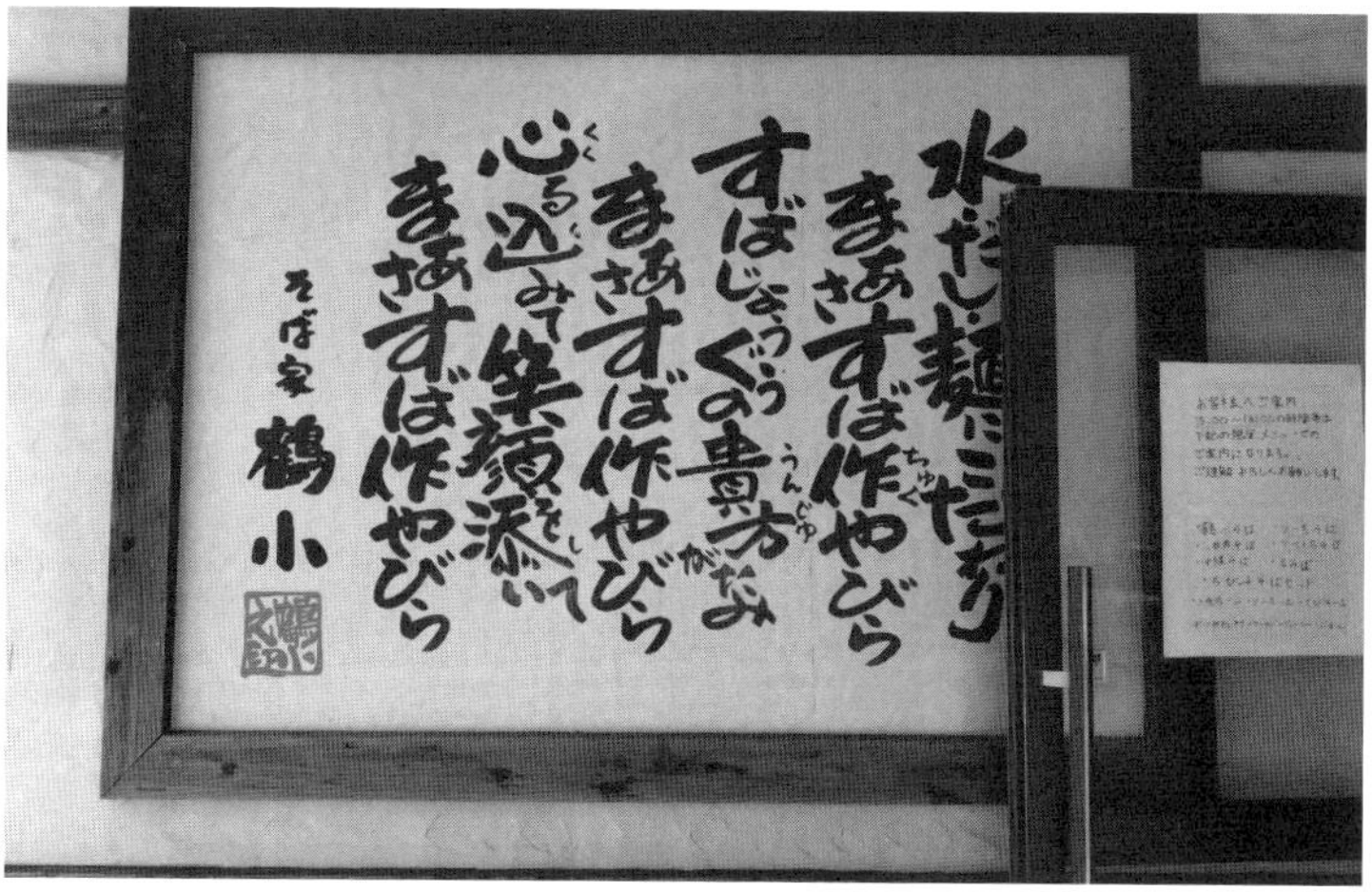

自家製麺のこだわり（沖縄・そば屋鶴小（ちるぐゎー）壺川店）

店主の想い

季節の和菓子のこだわり（神奈川・新岩城菓子舗）

3 リアル店舗の価値を活かす

来店したお客様とつながりを持つ方法

「商品には自信があるのに、リピート率が伸びない」「できる施策はやり尽くしたつもりだけど、再来店してもらえない」……。再来店を促す施策について、新規顧客の獲得以上に悩んでいる店舗も多いでしょう。

再来店客（リピーター）を増やすメリットは、継続的に安定した利益が見込める、客単価が向上する、口コミで広がる、販促コストが削減できるなど、多々あります。リアル店舗の価値を最大限活用して、再来店につなげましょう。

リアル店舗の価値のひとつが、店主・店長やスタッフなどの「人」がいること。リアル店舗では、お客様は実際に商品を見たり手にしたりしながら、スタッフから専門知識を教えてもらったり、細かなサポート対応を受けることができます。

また、自分のことを理解してくれている人がいる安心感はファン化にもつながります。

①五感訴求による体験の提供

ウェブサイトやSNSでは視覚と聴覚しか使えませんが、リアル店舗ではディスプレイ、BGM、試飲や試食、試着、人による接客や販促など、五感で訴求力を高めることが可能です。

②思いがけない出会いの創出

ネットショッピングの場合、豊富な品揃えがある一方で、多くのレビューを参照したり、細かく仕様を確認しなければなりません。時に多すぎる選択肢は労力を要することになり、結局選びきれずに買い物を中断してしまう可能性が高まります。一方、リアル店舗の価値として、商品との「偶然の出会い」があります。目当ての商品とはテイストの異なる商品など、ワクワクする出会いはリアル店舗でなければ生まれにくいでしょう。

ネットの情報だけでは不安な場合に購買の失敗を避けやすい、すぐに手に入れたいという即時性に対応できるなども、リアル店舗ならではの価値ですね。

お客様と体験を通じてつながろう

揚げたてコロッケ（神奈川・揚げたて屋）

冷茶の試飲（神奈川・はしもと茶舗 久里浜本店）

織物製品の試着（静岡・そま工房）

4 お客様が再来店したくなる「次回告知」

お客様は店のことを忘れてしまう

実は、お客様が再来店しない理由は、**単に店のことを忘れている**というのが大半です。一度行った店なのに、そんなすぐに忘れないだろうと思われがちですが、昨日の夕食が何だったか、すぐに思い出せる人が少ないのと同じです。一度行っただけの店は、ほとんどのお客様は次の日には忘れてしまうのです。

日々の生活に追われているうちに、訪れた店のことを忘れてしまっても、何ら不思議はありません。どんなに店側が再来店してほしくても、忘れてしまっていては、再来店はまずないでしょう。まずはお客様に店のことを思い出してもらう工夫が必要です。例えば、

- **サンキューレターや誕生日カードを送る**
- **新商品・新サービスの情報をお知らせする**
- **商品・サービスに保証をつける**
- **ローカル雑誌に掲載する**
- **SNSでコミュニケーションをとる**

といった対策があります。

次回予告を店頭販促物で伝える

店頭での再来店促進のアイデアのひとつに、「**次回予告**」があります。新商品の発売時期、できたて商品の提供時間、予約の空き状況、担当者の在籍状況、イベントやキャンペーン時期などを、来店客の見える場所で告知しましょう。

- **店頭A型スタンド看板の裏面に掲載する**

スタンド看板の表面は通行客の入店を促す内容にして、裏面にお客様が帰り際、店舗から出るときに見てもらいたい次回予告の情報を載せるのがおすすめです。

- **レジ周辺や出入口付近にディスプレイする**

レジ周辺や出入口は、来店客が必ず立ち止まる場所です。知ってもらう活動をしないのはもったいない。小サイズのテーブルやレジカウンターで魅力的に演出しましょう。物理的に商品が展示できない場合は、ＰＯＰを活用しましょう。

再来店を喚起する工夫をしよう

レジ周りで新商品やイベント予告をする

A 型看板の裏側に次回告知を入れる

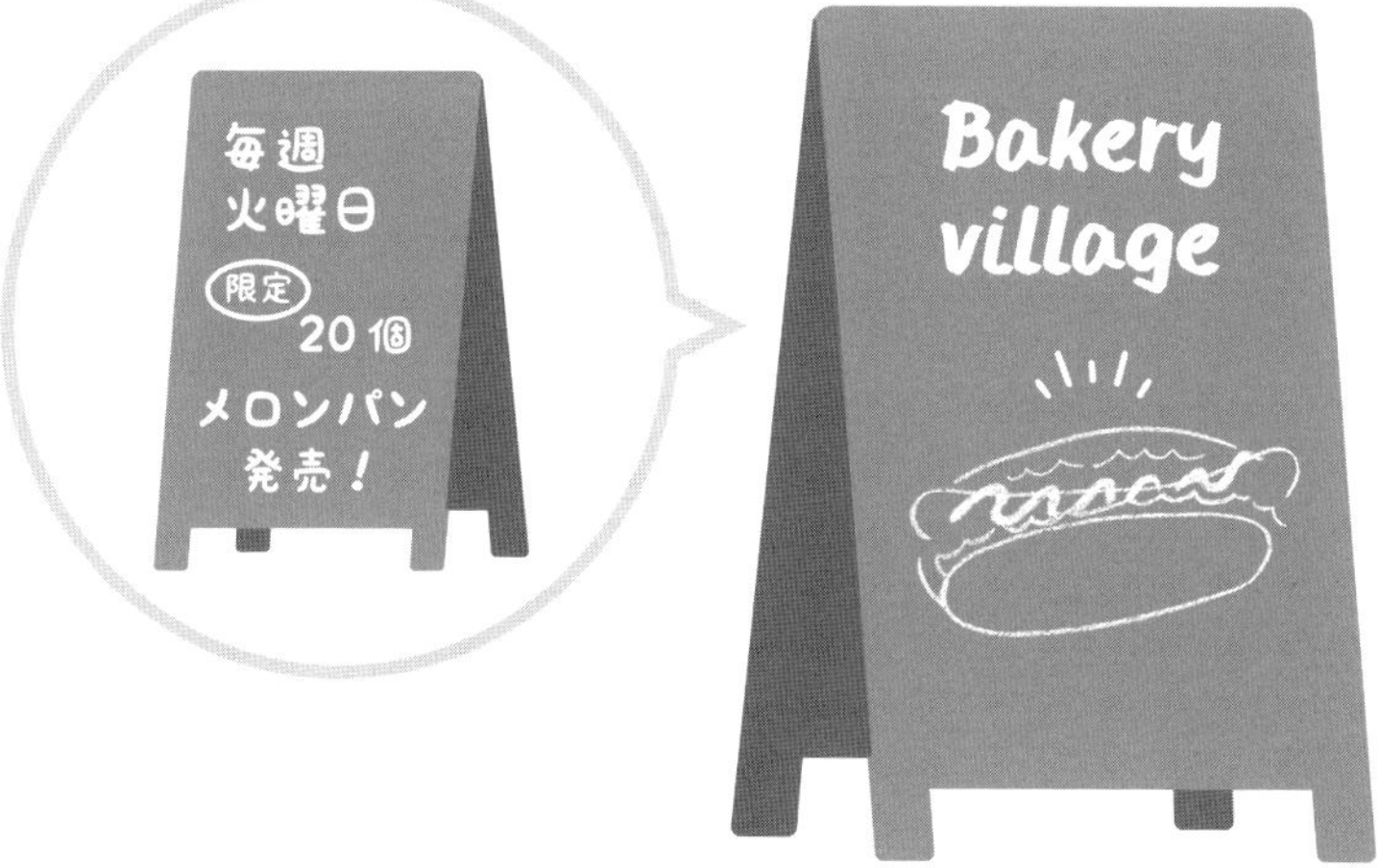

5 来店客との接点を増やす

顧客と長く深い関係を築くための「ファン化」

現代は、さまざまなビジネスにおいて、商品の質や機能で差別化をすることが難しくなりました。これからの時代に市場で生き残っていくためには、既存の顧客を長期的に支持してくれるファンにすること、つまり**「ファン化」する**ことが重要です。

ファンとなった顧客は知人、友人、家族にもすすめてくれるようになります。企業の広告や宣伝よりも、信頼のおける友人や家族からすすめられたほうが興味が強くなるので、広告宣伝費をかけるよりも効果は絶大です。

そうして増えたファンは新しいファンをつくり、その効果はどんどん大きくなり、さらに熱量が高いファンとなれば、競合店より価格が高くても利用してくれ、さらにはその店舗の宣伝マンとなり応援してくれます。

特にリアル店舗では、「ザイアンス効果（単純接触効果）」によって、**「顧客接点」の機会を増やせば増やすほどファン化が進みます**。顧客接点とは、店舗がお客様と接する機会のことを指します。

「顧客接点＝接客」というイメージをお持ちの方が多いと思いますが、近年では顧客接点の機会が多様化してきています。例えば、街で目にする看板広告、チラシ、展示会や物産展、ホームページ、ＳＮＳの広告掲載なども顧客接点に該当します。顧客接点は、顧客対応の質の向上、店舗の認知拡大など売上アップにつながる大事なポイントとなります。

特に近年では、ＳＮＳの活用は欠かせません。つい一方的な発信になりがちなＳＮＳですが、本来の目的は、お客様とコミュニケーションを取るためのツールです。ＳＮＳでのやり取りの書き込みが増えることにより、商品やサービスの認知度が高まっていきます。また、動画配信などで商品やサービスを詳しく解説することで、ファンを確保できるチャンスが増えます。

直接の来店以外でも、顧客接点は増やせるのです。ぜひ、意識的に増やしていきましょう。

来店したくなる SNS 販促アイデア

SNS のハッシュタグ(#)で拡散する

撮影スポットの顔はめパネル（神奈川・新岩城菓子舗）

店内や商品の動画を配信する

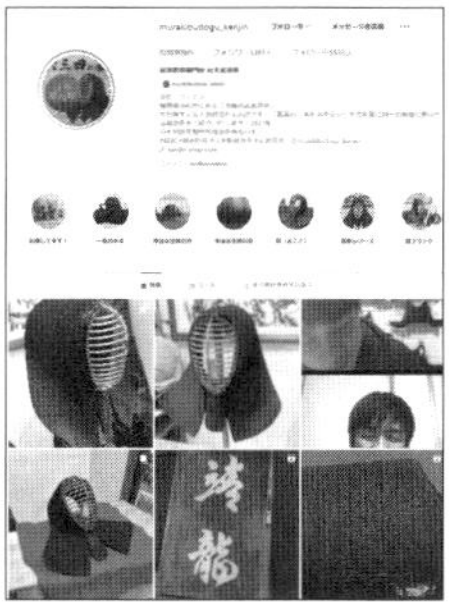

（静岡・村木武道具店）

ニュースレターを配布する

（大阪・花月堂）

（神奈川・文具倶楽部 CLiP's）

6

「お客様の声」を売り場に反映させる

お客様の本音をトコトン活用しよう

あなたの店は「お客様の声」を集めていますか？

店舗のマーケティング活動に「お客様の声」が必要な理由は2つあります。

①見込み客が購入するときの判断基準になる

「お客様の声」は、実際に商品やサービスを買ったり、使ったりしたことがある人の意見・感想なので、購入を検討中の見込み客にとっては、自分が知りたい情報の宝庫です。そのため、たとえ些細なものであっても、見込み客にとっては安心感につながる可能性が高い情報で、商品やサービスを選ぶときの判断基準にもなります。

特に口コミなどの「第三者評価」は、まだ商品やサービスを購入したことがない人が、イメージを抱きやすい情報となります。

②商品やサービスの改善に活かせる

「お客様の声」に不満や要望があったら、改善のチャンスです。「お客様の声」には、お客様が商品やサービスに求めていることが反映されているため、店は顧客ニーズに合わせて戦略を立てることができます。

「お客様の声」は店舗のマーケティングを改善するための情報だけでなく、ファン化にもつながるのです。

「お客様の声」を販促物で伝えよう

「コレ、どうやって使うの？」

「ちょっとフタが開けづらかった」

「もうひと回り大きいサイズがほしかった」

など、よい感想だけではなく、お客様の本音を加工せず、そのままPOPやブラックボードなどに記載します。購入の後押しになる声を優先的に掲載しつつ、なるべく最近のものからピックアップしましょう。「お客様の声」は時間の経過とともに変化することがあるからです。

過去の声を参考に商品やサービスを改善している場合、時代錯誤になってしまうこともあります。店舗で掲示した「お客様の声」は定期的に見直して、いつでも時代に合ったものを掲載しましょう。

「お客様の声」を活用したPOP例

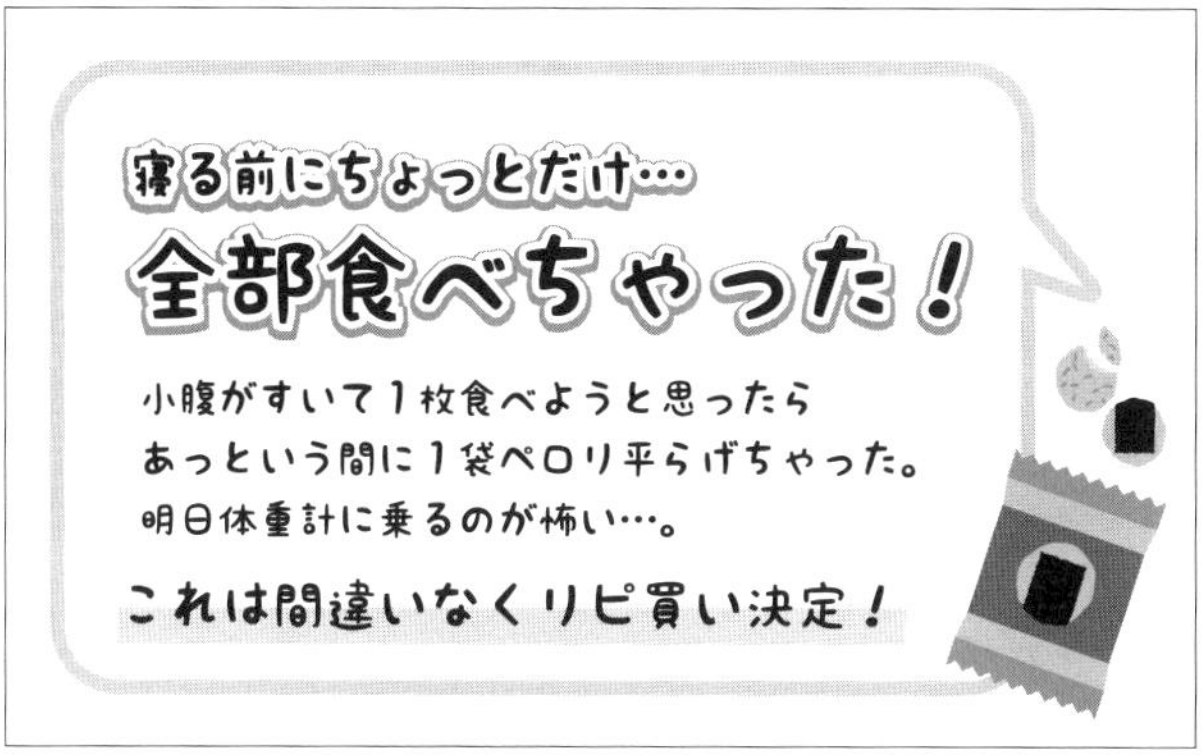
寝る前にちょっとだけ…
全部食べちゃった！
小腹がすいて1枚食べようと思ったら
あっという間に1袋ペロリ平らげちゃった。
明日体重計に乗るのが怖い…。
これは間違いなくリピ買い決定！

ドラマ化
決定！
何度も泣きました!!
言葉の持つ力に感動！
元気が出るお仕事小説！
公園のベンチで読みたい一冊

売れるコピー５つの法則

①**ターゲット**に呼びかける
②**お客様の声**をそのまま使う
③**具体的数値**を使う
④自分が**好きな理由**を書く
⑤**知らないこと**を教えてあげる

7 自店のファンを増やして売上を上げる

顧客視点で改善すれば、自然とファン化できる

当然ですが、売上が上がらなければ、店はつぶれてしまいます。売上アップは店の生死がかかる大切なことですが、売り手側の「売りたい」という意識が店頭や店内やSNSなどの販促を通して、お客様に伝わってしまうと、集客に影響が出てしまうことがあります。

店の売上に振り回され、日々の数字とにらめっこして、眉間にシワを寄せて過ごすのはしんどいものです。どうやったらお客様が増えるか、どうやったら再来店してもらえるか、どうやったら再来店が増えるかを考えると、どうしても売り手の視点になりがちです。これまでの「顧客をつくる」という考え方から、**「ファンをつくる」へシフトする思考**に変えてみましょう。

ファンとは、店の在り方、考え方、想いに賛同し、応援してくれる優良顧客のことをいいます。これまでの店舗というのは、どちらかというと外に発信をしながら顧客をつくることに必死になっていました。

一方で、ファン化ができている繁盛店は、矢印の方向が内向きになっているケースが多いです。お金、情報、顧客、支援、スタッフなど経営に必要なものが向こうから店に自然にやってきます。

例えば、SNSで毎日お客様と楽しそうな様子を発信し続けていれば、そこで働きたいというスタッフが現れたり、地元愛にあふれた人のところには「こんなことに力を貸してほしい」という人が現れたり、地元の有益な情報が集まったりします。こちらから頼んでもいないのに、自然と集まってくるのです。この矢印の方向を1つずつ内向きに変えていくことは、経営を上向きにするだけでなく、ファン化を加速させることにもつながります。

ファンは急にできるものではありません。毎日の積み重ねが1年後、5年後、10年後の〝未来の顧客〟をつくります。

「1日にファンを1人つくる」。ぜひ、あなたの店で真剣にファンづくりに取り組んでみてください。

「顧客」をつくるから「ファン」をつくるへシフトする

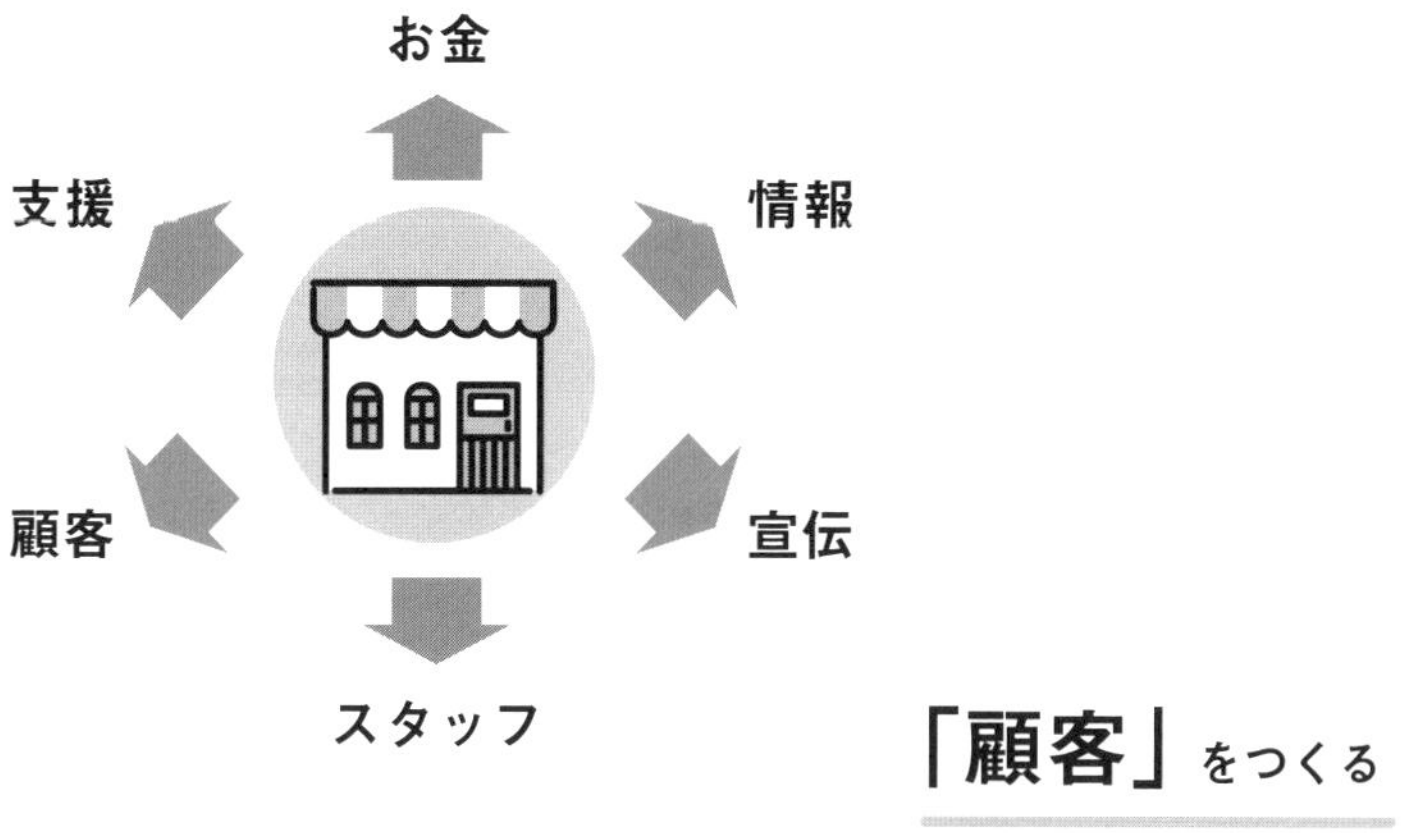

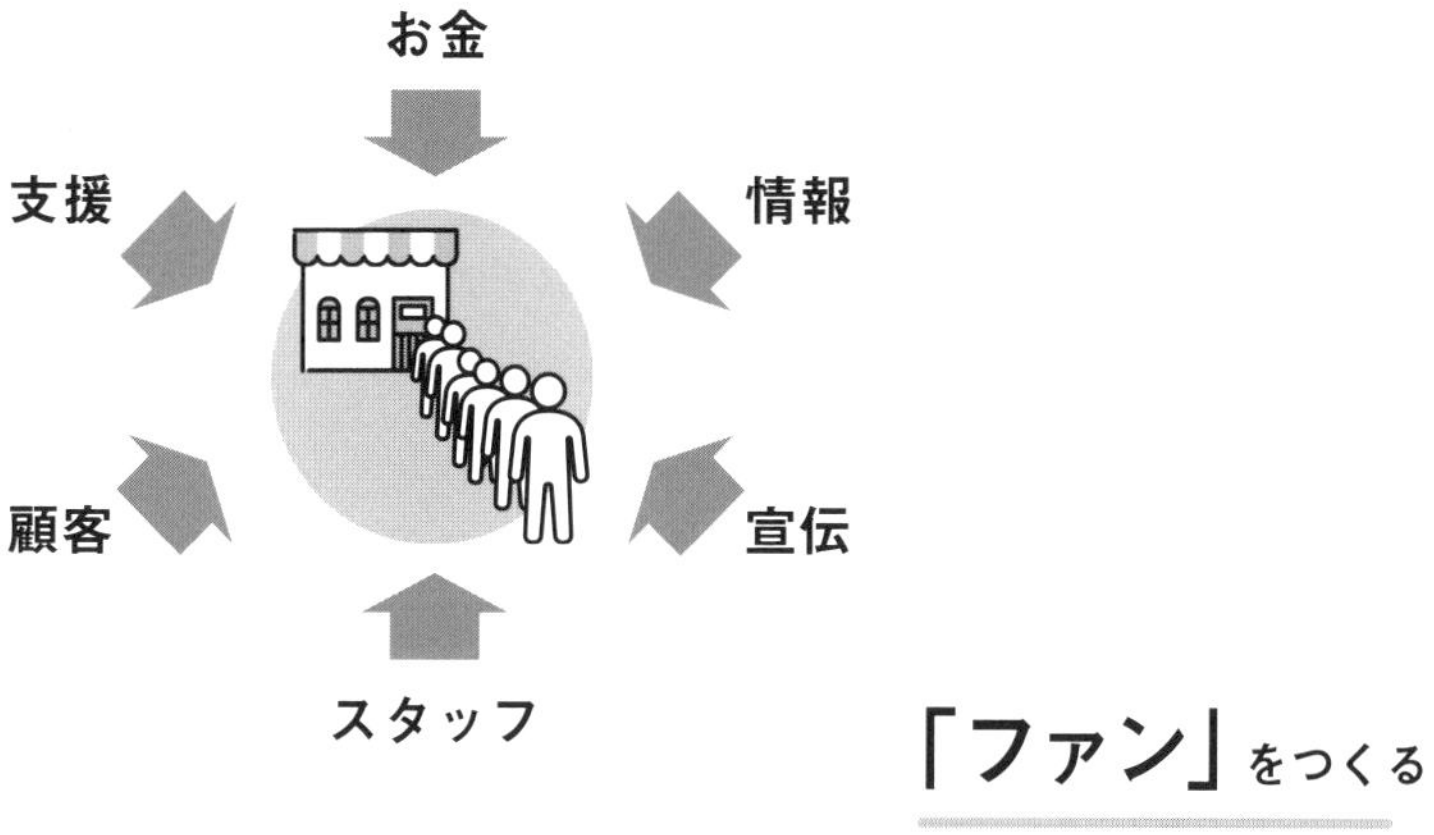

「外向き発信」から「内向き矢印の経営」ができると、ブランド力がアップして、ファン化が加速する!

Column 6

「顔はめパネル」でファン化が加速！

第3章8項でご紹介した「新岩城菓子舗」は、川崎駅西口から徒歩12分と最寄り駅から離れた場所に位置しています。商店街組合は衰退し、駅から離れた店舗の集客はそう簡単ではありません。

それにもかかわらず繁盛店になった理由はいくつかありますが、そのひとつとして3つの「ファン化」ができていると分析しています。

ファン化の対象は「人」だけと思われがちですが、「商品」「企業・店」も含まれます。女将をはじめとしたご家族の人柄はもちろんのこと、魅力的な商品、店の考え方や在り方に共感した熱狂的なファンがいるのです。もちろん、私もそのひとりです。

また、「新岩城菓子舗」では、顧客とのご縁やつながりを本当に大切にしています。店頭のファサードコミュニケーション以外にも、店内やSNSでコミュニケーションを図っています。

そのひとつが第6章5項でもご紹介した「顔はめパネル」の活用です。「顔はめパネル」は、元雑貨店店主の佐藤由紀さんが、「顔はめクリエイター」（当時）として独立して始めたものです。

由紀さん考案の販促ツールは、アクスタ（アクリルスタンド）、キラキラシール、ショップカードなど、思わず写真を撮りたくなるユニークな仕掛けのものばかり。それらは、SNS上でハッシュタグで拡散されていきます。「売り込まない営業」が主流になった時代、店舗の宣伝の仕方もこれまで通りの“発信型”ではうまく集客できなくなりました。お客様が楽しめる“参加型”の販促ツールは、共感してもらいやすいのでとても効果的です。「新岩城菓子舗」のSNSでは毎日、女将や若女将が来店したお客様と一緒に写る写真が投稿されています。

第7章

入店率の改善だけで驚きの成果！
店も人生も変わった成功事例

1 実施翌月の売上120%、客数117%アップ！の雑貨店

全国店長会で成功事例として発表された店長

第7章では、実際に入店率アップを実現した店舗の事例をご紹介します。

まずは、入店率アップの売り場づくり研修を受講された後、コンサルティングを依頼してくださった雑貨店の事例です。フランチャイズ店のオーナー兼店長をしている彼女は、雑貨店を2店舗、神奈川県内で経営しています。もともと優秀な店長ですが、入店客数に課題を抱えていました。

事前に研修を受講し、本書の第2章でお伝えした「顧客視点観察法」による店頭確認は実施済みでした。そこでコンサルティングでは、第3章の入店アプローチや、第5章の展示場所やディスプレイの改善を、開店直後のたった1時間で実施しました。

すると、売り場を改善したそばから効果が。通常、平日の午前中は客足も少ない時間帯だったといいますが、早くもお客様が次々に入店されている様子でした。

その3カ月後、彼女からこんな声をいただきました。

「どんどんお客様が入ってくるということを肌で感じました。今までは店頭だけ見て帰ってしまうお客様が多かったのですが、斜めにした什器にそって中に入り、店内をゆっくり回ってもらえるようになりました。

お客様目線とは何かを学び、その視点でお店づくりをすることが数字につながるのだとわかり、感動しました」

彼女の店舗の数字が上がったことを知ったFC本部から、具体的に何を実施したのか、全国の店長会で発表してほしいと言われ、店長会で脚光を浴びたそうです。

入店率が向上したその後は、店内の販促物の見直しや店頭鮮度を維持する仕組みづくりをするなど、今も改善を継続しているということです。

雑貨店は「見るだけ」の顧客が多いものですが、入店率の向上によって回遊率が高まり、購買につなげている素晴らしい事例です。

売り場改善翌月の売上 120%！
「マザーガーデン KidsLiving」

Before

After

開店前の売り場改善の様子
（右：藤池直美店長）。

2024 年２月「しろたんふんわりストア&マザーガーデン」としてリニューアル。リニューアル後も入店率向上施策は継続中。

ファンクリエイション公式 YouTube チャンネル
【売れる売り場づくり】入店率アップ！ 劇的ビフォーアフター「入店率アップ」
https://youtu.be/Zpp-EVcX1MY?si=brUCbbBZkdu_WpTI

2 昼も夜もいつでも繁盛！の立ち飲み屋さん

いつでも誰でも歓迎を伝えるファサード

店の顔であるファサードは、通行客を来店客に変える「歓迎を伝えるツール」です。ここでは、店頭集客力の高い店のファサードの事例を紹介しましょう。

コロナ禍の緊急事態宣言後の２０２０年にオープンした「**立ち飲み食堂ウルトラスズキ**」。最寄駅から少し離れた場所に佇んでいるにもかかわらず、いつも繁盛しています。

この店に初めて訪れた際、入店時からワクワクした記憶があります。バス通りから「ウルトラスズキ」の黄色い看板と大きな文字で書かれた大きいサイズののれんのファサードが見えます。天気がいい日は店内が見渡せる半オープンスタイル、入口で料理のオススメがひと目でわかり、基本に忠実ながらもシンプルな演出は、本書でお伝えした見本のようなお店です。長いのれんは日によってまくれており、「どうぞ入ってください」と言っているような歓迎感を表しているようです。

店内はゆったりした座席配置になっており、「立ち飲み屋さんの気楽さで本格的な旨い洋食が食べれる店」をコンセプトに、リーズナブルな価格で食べることができます。何といっても目玉商品は30種類以上あるレモンサワー。フルーツが装飾されたものからセロリが刺さったインパクトあるものまで、充実のラインナップです。

ここで働く共同経営者の３人は、フランチャイズの飲食店を渡り歩いてきた凄腕揃いです。コロナ禍で試練のスタートから大きな時代の変化にも負けず、小さくても、お客様にとってなくてはならない店になってきたのには理由があります。

「品揃えを減らすと、売上が減ってしまうのではないか」「ターゲットを絞ると、客数が減ってしまうのではないか」……そんな変わりゆく来店客の状況を捉えながら、メニュー構成、販促、接客、ＢＧＭに至るまで、毎週ミーティングを重ねながら、新しい価値を創造し続けています。

通行客が入店しやすい「立ち飲み食堂ウルトラスズキ」の店頭

目を引く大きなのれん

空席があるとのれんをまくる

見通しのよいオープンテラス（関内・立ち飲み食堂ウルトラスズキ）

3 リブランディングで売上前年比153％アップ！のお茶屋さん

事業承継とともに実施した「いちばん化」戦略

超高齢化、単身世帯の増加、少子化、節約志向、ネット時代など急速な市場の変化に伴い、ここ数年は小規模事業者の集客や販路拡大の相談が相次いでいます。

特に客数の減少による集客課題は深刻で、販促物やセールワゴンで店頭改善を試みる店が急増しています。しかし、どの施策も逆に店の魅力を半減させてしまっているのが残念だと感じます。小規模事業者の本質的な課題はそこではないケースが大半なのです。

静岡県掛川市のお茶製造業の事例をご紹介します。商工会の経営指導員を通じて、次の相談を受けました。

「製茶製造がメインで、9割は荒茶の販売をしています。お茶の消費を促進したい狙いで小売販売を行なっていますが、立地面が弱みで、店の認知度が上がらないことが課題です」

実際にお伺いしてみると、若夫婦がいずれ事業承継をする予定だというではありませんか。

競合が多い製茶事業で小規模でも選ばれる事業になるために、当時店頭で販売していた、たい焼きを売りとする**「いちばん化」戦略**を実行することにしました。支援したのは、会社のミッション作成、たい焼き事業のブランディング、屋号のロゴ作成、パッケージデザイン作成、たい焼き専用ウェブサイト・Instagramの開設、限定商品「プレミアムたい焼きセット」の考案などです。そして、のれん、のぼり、店頭幕など、店頭集客で必要な販促物すべてに対して一貫したリブランディングを実施。統一した販促物によって視認性も高まり、店頭集客力がアップしました。

その結果、静岡県商工会連合会主催の経営指導員対象の会合で、店主が成果発表をするまでになりました。

課題解決を〝点〟で行なったところで、店舗のブランディングも売上アップもなしえません。商品や内装のコンセプト、ファサードなど一貫した改善で、早期成果を目指しましょう。

事業承継によるリブランディングで売上前年比 153% アップ！

のぼり・のれん・店頭幕などのファサードを改善

Before

After

青野友喜 取締役ご夫婦

メディアにも多数取り上げられるように

（静岡・山喜製茶組合 お茶屋のたいやき まるまろ）

4 マネースクールを受講した子どもたちがフリマで商品の8割を販売！

見やすく、選びやすく、買いたくなる売り場

大阪市天王寺区にある民間学童保育「まなびやCAMP」では、「ほんもの体験を通して子どもたちの『目』を育む」をコンセプトに、社会で生き抜くために必要なさまざまなプログラムを提供しています。

そのカリキュラムのひとつとして、2022年、保険会社のファイナンシャルプランナーを講師に迎え、「マネースクール」を開校しました。小学校低学年を対象としていますが、その内容はかなり本格的で、事業計画、資金調達、市場価格調査、プレゼン、商品仕入れ、売り場づくり、POP作成、接客、事業収支報告に至るまでを行なうというものです。

私はそのカリキュラムのうち、「売り場づくり」の授業を担当しています。販売する場所は、フリーマーケット会場で、来場者の立ち寄りを増やし、購買を促す取り組みをしています。

授業では、どうやったら、**①見やすく、②選びやすく、③買いたくなる売り場づくり**ができるかを、実際の商品を使いながら教えています。授業はたった30分ですが、親御さんと行くお店で、なぜそのような商品陳列になっているのか、もっとこうしたら見やすくなるのではないかなどの意見交換をします。さらには、公園で拾った松ぼっくりやどんぐり、夏休みに行った海で拾った貝殻などで売り場を飾りつける演出までしました。

2年目には、地元商店街のお店の商品も一緒に販売するという課題にも取り組みました。新たに「仕入れ」という項目が追加されたのです。

半年間の活動を通して、子どもたちはお金を稼ぐ大変さや売れる楽しさ、またお金や物の大切さについて身をもって学ぶことができました。

「マネースクール」で学んだことがきっかけで、自分が仕入れた商品をお客様に喜んで買ってもらえる体験を楽しいと思ってもらえて、未来の商店主が1人でも多く誕生したら、こんなにうれしいことはありません。

子どもたちがフリーマーケットで販売！
民間学童保育まなびやCAMP「マネースクール」

マネースクールの授業の様子

フリーマーケット当日の様子

報告会の様子

2023 年度　マネースクール結果報告

参加人数	28 名 (2・3 年生中心)
販売商品	①ポイモントランプ　②ポプリ　③年賀状　④ハーバリウム　⑤フォトフレーム ⑥青果店のジャムとバナナチップス
収支	・融資金額 63,000 円 ・売上 80,750 円 ・利益額 30,292 円
売上の使い道	①自分たちのために (お菓子パーティー) ②まなびやのみんなのために (おもちゃや本) ③困っている人のために (寄付 : ユニセフ)
子どもたちの感想	・たくさん売れてよかった　・もっと工夫したらたくさん売れたかもしれない ・来年も絶対やりたい　・マネースクールが心に残った

5

研修受講生の8割が即日に売り場を改善！

現場で即実践が成果につながる

ショッピングモールでは、テナント店長やスタッフ対象に教育研修が実施されています。私の入店率向上研修では、研修の一環として「売れる売り場づくりツアー」を開催しています。通常は、ツアーは研修と別日に開催することが多いのですが、とあるショッピングモールでは研修終了直後にツアーを同日開催しました。

この「売れる売り場づくりツアー」は物販、飲食、サービスすべての業種に対応しており、受講者の目の前で行なっていく実践形式なので、その場で目に見えて効果が表れる様子に「これならうちでもできるかも！」「すぐに店に戻ってやってみたい！」とやる気になってもらえます。ツアー終了後、参加店舗をいくつか訪店してみると、受講生の皆さんが早速、スタッフを巻き込んで説明していたり、通行導線から写真を撮影していたり、実際の什器や販促ツールの向きを変えていたりしている様子がうかがえます。

また、「商品の向きを変えるだけでも全然違いますね！」という感激の声や、「什器の向きはこれくらいでいいですか？」「ここにリースラインがあって動かせない場合はどうしたらいいですか？」といった質問をいただくなど、現場実践による効果がすぐに見られました。

その後、このショッピングモールからは「改善したそばから入店が増えた」「通行導線側に出した商品が売れた」などのうれしい報告をいただきました。

受講者の中には、什器や商品は通行導線に対して平行に置くのが当たり前と思っていた人もいます。そういった場合は、「一度什器を動かして、写真だけ撮ってみようか。気に入らなかったら元に戻していいよ」と言うと、大概は「それなら」と言ってもらえます。そして、改善後にビフォー・アフターの写真を並べて比較してもらうと、「元に戻さず、変えたままでいいです」と納得されるケースが多いです。百聞は一見に如かず。皆さんにも、試す勇気を持ってもらえたらうれしいです。

参加テナント８割がすぐに売り場改善を実践！ ショッピングモールの「売れる売り場づくりツアー」

入店率アップのヒント満載！ 売れる売り場づくりツアー

ツアー終了後に即実践するテナント多数！

6

ファサードリニューアルで新規客3割アップ！国道沿いの昭和レトロな食堂

飲食店の大半が抱える悩み

静岡県掛川市の国道150号線沿いに面し、地元の人はもちろん、トラック運転手が立ち寄る食堂「竹うま」。

掛川みなみ商工会より、次の依頼をいただきました。

「コロナ禍により、顧客が減少し、宴会の売上はコロナ以前の10％程度まで減少。仕入れ高騰の波が急激に押し寄せ、粗利が大幅に減少した。

10年近く価格を変えずに、低価格でお腹いっぱいになる店で経営してきたが、値上げせざるを得ない状況。ただ値上げをするだけではお客様が離れる可能性があるため、メニューをリニューアルしたい」

平均速度50㎞の国道沿いで、「何を」「どのように」PRすれば、たった数秒で入店の意思決定させられるのか。メニュー構成と価格の見直しを行ないました。

コピーを入れたのぼりを複数枚設置

「うちのとんかつはとにかくデカいから食べてみて」と言う店主の言葉をヒントに、「とにかくデカい」「ど〜でかい」と地元の方言をそのままのぼりに引用し、国道沿いに複数枚設置しました。遠州灘のすぐそばのため、国道は毎日風が強いのですが、そのおかげでのぼりがなびいて目立つのです。

その後、メニューはとんかつをメインに商品構成を変え、これまであった商品数を絞る代わりに、とんかつ関連メニューを新しく考案。その他食材はできるだけ地産地消の豆腐や調味料などを使用して、商品の質の向上を目指しました。店主が最も心配していた、価格の見直しによる客数の減少については、常連客は変わらず、さらに新規客が3割増えたそうです。

当初の依頼は入店率の改善ではありませんでしたが、のぼりとのれんの設置により、国道沿いでしっかりアプローチできたことがこの数値を生む結果となりました。

その後、「竹うま」のとんかつの認知度は上昇し、登録者数1万人以上のYouTubeチャンネル「俺のランチTV」でも紹介され、今や人気店となっています。

遠くからも目立つ「のぼり」の効果

単色のぼり

・シンプルで遠目からでも店の存在を訴求できる。
・文字主体なので、わかりやすく、覚えやすい。

フルカラーのぼり

・言葉だけでは表現できないイメージを伝えられる。
・店のイメージと売りを具体的に知ってもらえる。

NG ⇒　・バラバラののぼり　・本数が少ない

遠くからでも、とんかつの写真が目を引くのぼり

メニューもとんかつメインに変更
（静岡・竹うま）

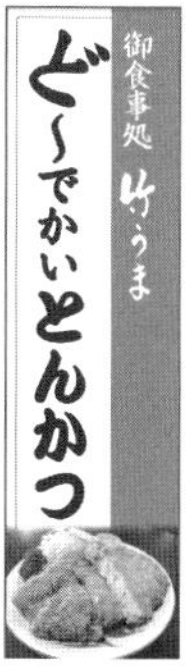

YouTube チャンネル「俺のランチ TV」
【竹うま】ど〜でかい とんかつ
https://youtu.be/0XDo5ePqSTU?si=harA4PiU_7P1OK1k

7

たった1回の講演で組織変更！中国の雑貨店チェーンのV計画

雑貨店戦国時代を生き抜くために

中国の娯楽キャラクター商品の小売額は2014年の37億ドルから、2020年には80億ドルまで拡大（※1）。中国のアニメ・マンガ産業価値の4分の1を占めています。この雑貨店戦国時代を生き抜くために、依頼してくれたのが浙江省寧波市の「酷楽潮玩社」です。

初回訪問した2023年9月、全国300店舗以上の店長が集まる店長会で下期の事業計画が発表されました。その名も「2023V計画」。①売上をV字回復させる、②全社員がVMD（ヴィジュアルマーチャンダイジング）を習得するという内容です。

このV計画を達成するために、本社は組織変更が行なわれました。創業者をはじめ彼らの熱量は非常に高く、学んだ内容の理解力と現場再現力はとても素晴らしいものがありました。全国展開は日本の3倍くらいのスピード感があるので驚きます。

私が行なった「売りに直結するVMD研修」では、本書でもお伝えしている売上改善の3つのステップの1つ目「入店率の向上」を徹底的に行ないました。当初は「入店はそこそこあるから、少しでも早く売上を上げることを優先したい」という要望でしたが、本当に売上回復をしたければ、改善を着手する順番が重要で、入店率の向上は必ずやるべきだと説得したところ、承諾してくれたことが成果につながりました。

同行したVMDチームは、優秀な女性4人が活躍していました。中国では生産部門と非生産部門には待遇に格差があり、非生産部門で待遇が低かったVMDチームですが、このV計画により、半年間でヒットメーカーを生み出す商品企画部に次ぐ2番目のポジションに昇格。2024年3月には、年度の総会でVMDチームの統括とリーダーの2名が表彰されました。「社内でVMDチームの期待が高まり、忙しくなった」と眉をひそめながらも笑っていましたが、誇らしげにステージに上がる様子はとてもうれしそうでした。

※1　前瞻産業研究院　2022年7月11日

成果が上がった「酷楽潮玩社」の VMD 研修

実店舗でトレーニングしている様子

全国店長会で「V 計画」を
発表している VMD チームリーダー魯さん

年度の総会の表彰式

VMD 研修の様子

（中国寧波・酷楽潮玩社）

Column 7

子どもたちが奮闘した売り場づくりの工夫

第7章でご紹介した民間学童保育「まなびやCAMP」では、子どもたちが本当に熱心に、売れる売り場づくりに挑戦していました。先生からは、次のような報告をいただきました。

＊＊＊

売り場づくりの研修では、「高さを揃え、低いものから高いものへ順番に」「色味・種類が同じものを集めて」など、子どもたちにもぱっと見て違いがわかる内容から教えていただきました。その後の実践でも、商品の並べ替えから取り組むチームが多く、子どもたちも感覚的にすぐ理解できたようです。

売り場づくりに挑戦する中では、その他にも、「お客様から見る」という顧客視点を意識して、子どもたちなりに工夫を加え、配置したブースを遠くから見直しながら、商品を手に取ってもらいやすい売り場に近づけることができたと思います。

当日の販売開始時点では、事前に考えた売り場の写真をもとに配置し、たくさんのお客様に商品を手に取っていただくことができました。商品の数が少なくなってくると、子どもたちが自ら考え、残った商品を並べ直す場面がありました。「この向きだと、お客様から見やすいと思う」「ぱっと見て目に入りやすいから、ジグザグに置いてみよう」と、相談しながら配置に工夫をしていました。実際の販売体験を経て、「お客様に手に取ってもらうには」ということをリアルに考えられるようになったのだと思います。

限られた時間で1日限りの販売だったため、商品を並べ直すことで売れ方が変わったのかどうかを比較するのは難しいですが、教わったコツを意識して商品を配置することで、売り場がすっきりと見やすくなり、その結果、より多くのお客様に立ち寄っていただけたと感じました。

（まなびやCAMP　マネージャー　笹原愛 様）

第8章

「集合体」で集客力アップを目指す！新時代のファサード

1 衰退から再生を果たした「熱海の奇跡」

集合体として人を呼び込むファサードの工夫

ここまでは、通行客を来店客に変えて入店率を向上させる施策についてお伝えしてきましたが、最終章となる本章では、商店街や横丁など、地方創生や地域活性化などにつながる事例を紹介していきたいと思います。

JR熱海駅は、駅前には観光向けの商店街が並び、多くの人であふれていますが、そこから程なく歩くと、シャッター街で廃墟と化していた「熱海銀座商店街」があります。現在の熱海銀座商店街は、リノベーションにより復活を遂げ、熱海を若者の街へと変貌させた商店街で、行列が絶えない話題の店や、インバウンド客が集まるゲストハウス、女性を魅了する人気の和モダンな宿などが続々オープンしています。

個店の魅力アップはもちろん、商店街や観光地、ショッピングモールなど「箱（集合体）」単位でファサードデザインや表現の仕方をルール化し、統一したテーマで視覚的にアピールすることができれば、継続的な集客を実現することが可能になります。

観光地の商店街では、**一過性の集客ではなく、細く長く継続的に店頭販促を行なっていくことが重要**です。店舗集客のひとつに「映えスポット」を意識したファサードや店舗壁面の装飾がありますが、SNSで一気に拡散してしまった後は、あっという間に飽きられてしまい、次の映えスポットを求めてお客様が他へ流れてしまうという傾向があります。

一過性の集客に振り回されず、長く継続的に集客するためには、「**店頭鮮度**」を意識しましょう。例えば、販促物に掲載する写真やイラストを定期的に差し替えます。自店はもちろん、地域の魅力で若年層の心を動かし、エリア全体を盛り上げる視点がポイントです。

店頭販促物に「熱海唯一」「地元食材取扱店」「リピート率90％」「地元情報誌掲載数No.1」など、SNSや動画配信で話題になりやすいワード選定を意識すると、注目度もアップします。

個店の魅力アップで再生した「熱海銀座商店街」

店頭鮮度を意識した取り組みで、若者にもヒット！
商店街単位で継続的な集客を目指した成功モデル。

2 人気急上昇！ 飲食店の集合体「横丁」タイプ

個性豊かな「専門店化」が続々登場

若年層の関心を高めている「横丁」。かつては〝おじ様達の聖地〟と呼ばれた「飲み屋横丁」ですが、近年、そんな哀愁が漂う飲み屋街を訪れる若者たちが急上昇中です。お馴染みの新宿思い出横丁、吉祥寺のハーモニカ横丁、私の地元横浜の野毛五番街、野毛たべもの横丁から、渋谷パルコのカオスキッチンなど、ここ数年は旧来の商店街だけでなくショッピングモールのテナントとしてさまざまなタイプの横丁が誕生し、大きな賑わいを見せています。そこでしか味わえない体験ができる「たまり場」のようなコンセプトの店舗に、人が吸い寄せられているのです。

横丁タイプの店舗を見てみると、幅広い商品を絞るといった「**専門店化**」が加速しています。もつ焼き、貝焼、焼売、タコライスといった専門店化は何も飲食店だけではありません。自転車ＣＡＰ、白Ｔシャツ、御朱印専門店など、物販店でも年々増加傾向にあります。その理由のひとつが**同業店舗に伴う競争激化**です。数ある店舗の中から自店を選んでもらうには、自店の売りや他にはない魅力を明確にする必要があります。個性を打ち出すことで、他店との差別化を図るのです。

専門店化のファサードづくり

通行客は横丁店舗の中で、瞬時に看板を見て入店を決定するので、「屋号・ロゴ・使用色で何屋かわかる」「販促物の写真でおすすめ商品がわかる」「店のコンセプトや商品に合った装飾である」「店内の明るさが確保されている」などが入店の決め手のひとつです。

そして店内では、おすすめのＰＯＰ、炭火の香り、お客様と店員の笑い声など五感を刺激している要素が満載で、来店客の期待値を高めた例といえます。

こうした専門店は、通常店舗以上に**通行導線からの「わかりやすさ」と「発見されやすさ」が磨かれている**ため、入店につながっています。これは「店舗集客」という視点で見ても、参考になります。

人気再上昇中の飲み屋横丁のファサード

横丁のファサードは「ひと目で」「瞬時に」発見されやすい

3

ブランドロゴ活用で継続的な集客を実現した商店街

長く継続することでファン化も叶えられる

東急東横線元住吉駅は「モトスミ・ブレーメン通り商店街」「モトスミ・オズ通り商店街」の2つの商店街が有名です。

そのひとつ、「モトスミ・ブレーメン通り商店街」は1990年10月、「元住吉西口商店街」から名称変更をしました。ドイツ・ブレーメン市にある商店街「ロイドパサージュ」と友好提携を結び、商店街ではブレーメンの音楽隊に出会うこともできます。

なかでも、この商店街で注目したい取り組みのひとつに来店客にポイントを還元するポイント事業があります。これまでのポイント事業をリニューアルし、ICカード「ブレカ」を導入しました。100円で1ポイントを付与し、1ポイント1円から利用できます。店舗では、1ポイントを1・8円で購入し、回収すると10%上乗せして1・1円で精算できます。その差額0・7円が運営費として商店街の事業に展開され、さまざまな形でお客さまへ還元されるという画期的な取り組みです。

私が着目した取り組みのひとつが「ブレーメンの音楽隊」のロゴ活用です。全長550メートルの商店街では、店頭幕、アーケード、車止めや、個店のファサード、商品のパッケージ、エコバッグ、看板など、多くの個店がロゴを活用しています。

こうしたブランドロゴの活用効果は、「ブレーメン音楽隊がある有名な商店街」として認知されるだけでなく、商店街組合の加盟店が増えたり、話題性で口コミが広がったり、何より個店の入店率アップにつながるなど、多岐にわたります。

長い時間をかけてブランドを育て、継続していくことで、さらなる効果と価値が高まります。

商店街や地域の歴史や経緯といった背景にあるストーリーや、商品開発に携わった人のエピソードなどを個店同士で連携し、通行客や来店客に視覚化して伝え続けていくことで、顧客のファン化にもつながっていきます。

「モトスミ・ブレーメン通り商店街」のブランドロゴ活用

商店街入口ファサードや横断幕

駅前に「ブレーメンの音楽隊」

車止めや案内板

店舗の看板にもロゴが

和菓子屋のパッケージ

ビールや日本酒のラベル

4

地域単位で個店の魅力は発信できる！商工会イベント

商店街がなくても街はにぎわう！

令和4年、静岡県掛川市の掛川みなみ商工会より、商工会イベントである「掛川みなみのマルシャン」を成功させたいというご相談がありました。

平成30年に経営発達支援伴走型補助金を活用して、「まちのマルシャン」としてスタートした当イベント。きっかけは、掛川市の中でも認知度が低い掛川南部の街の活性化を目的として始まりました。当初は、静岡新聞の一面広告を活用して県内に周知し、当地の特産品であるサツマイモ掘り、お菓子づくり体験、店を巡回するスタンプラリーを開催したそうです。

令和1年には、商工会名の変更とともに「みなみのマルシャン」に改名しましたが、令和2年、3年は新型コロナ感染症対策のため中止。そこで依頼を受けた私は、主に3つの取り組みを行ないました。

①イベントのコンセプトとターゲットを明確にする

②個店の魅力を向上させ、その魅力を視覚化する

③事業者同士で相互送客を行なう

具体的に商工会が行なった施策は、次の通りです。

・大人のツアー（平日体験＋食事＋買い物）を通じ、「掛川みなみ」のコアなファン客になってもらう。

・参加事業所を訪店し、ブランディング向上や販促物作成、商品パッケージ作成、商品開発、職業体験のコンテンツ考案、売り場の改善などを行なう。

・事業所PR動画を製作し、ホームページやSNSで配信。地方新聞、フリーペーパーなどにも掲載。

・マルシャンだけの限定コラボ商品を企画する。

その実績は、令和4年ツアー参加者89名、令和5年91名、メインターゲット層である30～40代を獲得、売上は前年比120％と上々の成果でした。

そして最大の効果は、掛川みなみの認知度が向上しただけでなく、事業者同士が切磋琢磨し、若い店主の経営力やリーダーシップ力も向上したことです。商店街がなくても「地域単位」でできる成功例です。

「掛川みなみのマルシャン」のチラシ改善

支援前のチラシ

支援中のチラシ

- マルシャンのロゴ作成
- マルシャンが伝わる
  トリコロールカラーを使用
- 店主の顔がわかる
- 体験テーマを設置

支援後自走したチラシ

5

「個店」の魅力を最大化して「集合体」で集客しよう

リアル店舗の価値を生み出す3つのチカラ

これからのリアル店舗が持つ最大の価値は「体験」だと考えます。実際に商品やサービスに触れ、確かめたり、試したりする体験は、ＥＣサイトでは得ることができない大きな価値です。

リアル店舗に実際に足を運ぶことで、非日常的な空間を感じたり、そこでしか手に入らない限定商品やサービスを発見したりすることも、リアル店舗が持つ価値といえます。具体的には、次の3つのチカラがリアル店舗の価値を生み出しています。

1つめは、買い物の楽しみをつくる「**接客**」のチカラです。店主やスタッフとのコミュニケーションも、リアル店舗ならではの体験です。スタッフの専門知識が高いほどお客様の疑問や要望に対応しやすく、満足感を与えられるでしょう。また、質の高いコミュニケーションによって顧客満足度が高まると、ファン化や再来店客の獲得にもつながります。

2つめは、「**商品**」のチカラです。接客によって、お客様に合った商品やサービスを提供できるのは、自分で検索して選ぶネットショッピングにはない価値です。

3つめは、「**売り場**」のチカラです。店内のコンセプトや雰囲気などを楽しむ体験ができるのは、リアル店舗ならではの価値です。売り場では旬やトレンド、こだわりなど、新しい商品の「発見」を提供することで、リアル店舗でしか得られない新鮮さを感じてもらえることができるでしょう。

個店のチカラを最大して「集合体」で集客する

商店街や地域イベントといった「集合体」は個店でできています。個店の魅力を最大化できれば、「集合体」となったときに大きな価値を創造することができます。

3つの力が1つでも欠けてしまうと、わざわざ足を運んでくれたお客様の期待値を下げてしまうことになりかねません。リアル店舗の3つのチカラを磨き続けることを忘れないでください。

リアル店舗の魅力を最大化する３つのチカラ

「接客力」×「商品力」×「売り場力」いずれか1つでも欠けてしまうと、
リアル店舗の価値は下がり、売上減少の要因になってしまう。

Column 8

世界に広がる店頭集客

日本の小売業は、セルフレジや無人店舗など IT 化の加速に伴って、買い物をする楽しみやワクワク感が失われつつあります。高齢化、少子化、人口減が進み、お客様の購買支出はさらに落ち込む中で、リアル店舗の価値は、店頭と売り場でお客様にワクワク感が提供できるかにかかっています。

近年の私は日本を飛び出して、リアル店舗への来店が少ないECサイト大国の中国で売れる売り場づくりにチャレンジしています。文化や言葉が違う異国の地で、私のノウハウがどれだけ通じるのか不安でしたが、店舗が抱える悩みは国境を越えても同じであることを改めて実感します。

現地では、中国で働く店主・店長のリアルな悩みを共有し、それを理解したうえでショッピングモールやスーパー、路面店を視察しました。こうした機会は、これからの売り場づくりの大きなヒントになっています。

中国では、「通行客にいかに自店を選んでもらうか」を考えた、さまざまな施策が行なわれていました。例えば、ショッピングモールの飲食フロアの案内が PR 商品の写真パネルを宇宙船の窓のようにしたり、飲食の待ち時間を利用して無料でネイルをしてくれたり、スーパーではピックアップした食材を目の前で調理してくれるライブ感を演出したり、ファサードを全面デジタルサイネージにして、生産者の想いと製造の様子を癒しの BGM とともに動画で流されたり……。私が海外に行っても目に入ってくるのは、通行客の導線から見える店頭のことばかり。これからも、私の「店頭集客」の飽くなき探求心は続いていくでしょう。

入店率が上がれば、売上が上がる。本書でお伝えした「店頭集客」のノウハウが、日本発のアニメやマンガのように、世界中の店主やお客様を幸せにするコンテンツのひとつとして広がったらうれしいなと妄想を広げています。

おわりに

入店率が上がれば、売上が上がる。

これが、いかに売上改善のステップで重要であるかを理解していただけたでしょうか。

この「入店率」に着目して本書を書こうと決意したきっかけは、独立して10周年という節目を迎えたことです。

会社の存続率は、設立して3年で65％、10年で6・3％といわれています。創業からわずか10年の間に9割以上の会社が廃業するといわれている中、まずこの10年をクリアすることが私のひとつの目標でした。

サラリーマン時代を含め、業界に携わり早くも20年弱になります。勤めていた企業では、お客様に度々お叱りを受けながらも数々の現場でトライ&エラーを繰り返し、コツコツとノウハウと実績を積み上げてきた、いわゆる現場叩き上げです。

独立してからというもの、お客様に寄り添いながら、自分の知見や経験をアドバイスすることで、多かれ少なかれ店舗の売上を伸ばすことはできていましたが、何も私でなくても、他に優秀なコンサルタントはたくさんいると思っていました。

私にしかできないカタチで、お客様にも納得して取り組んでもらえる方法はないかと模索していた頃、立川商工会議所より講演の依頼を受けました。

人生初の講演。その講演テーマが「入店率120％アップ！　売れる売り場づくり」だったのです。


当時の私にとって、「入店率が上がれば、売上は上がる」というのは、至極当たり前の話だったので、本当にこの講演テーマでいいのか、半信半疑でした。

しかし講演終了後、担当だった経営指導員の澤田実世子さんから、「こんな方法を教えてくれる専門家は他にいない」とありがたいお言葉をいただき、その後の「エキスパートバンク専門家として東京都商工会連合会へ推薦します」という一言で、私の新たなコンサルタントとしての道が開かれました。

「たかが入店率、されど入店率」。そうアドバイスしてきた私にとっても、人生を変えたフレーズになったのでした。


こうして改めて10年を振り返ってみると、数あるコンサルティングメニューの中でも、最も需要の高い「入店率の改善」。私はこのコンテンツとともにここまで成長してきたと言っても過言ではありません。

あなたの店舗には、自慢したい素晴らしい商品やサービスがありますよね。それを1人でも多くの通行客へ伝えたいと本気で願うならば、まずは嘘だと思って、本書の入店率改善のノウハウを試してもらいたいと思います。

本書は、「わかる」から「できる」を実現してもらい、成果を実感してもらうための1冊です。

たった10秒で通行客を来店客に変えることができるこの方法は、お金をかけずに、誰にでもできて、そして何より短期間で成果へつなげることができます。

もし、あなたの周りに売上に悩む店舗や店主・店長がいたら、本書をそっと差し出してあげてください。


「この仕事をしていて、よかった」と実感できる瞬間がいくつかあります。

現場終了後は、改善したそばから通行客が店内に吸い込まれていく様子を、依頼主が満足そうに見ている姿を確認してから、「本日はこれで失礼します。頑張ってくださいね」と挨拶して帰ります。その後、依頼主が、来店客のほうへうれしそうに笑顔で駆け寄っていく後ろ姿をそっと見届ける瞬間が、なんだかとてもたまらなく好きなのです。

お客様のことをよく理解する「顧客視点」から、売れる売り場づくりは始まります。

本書が少しでもリアル店舗の売上改善の役に立つことができたら、こんなにうれしいことはありません。

最後になりますが、本書を出版に導いてくださった「商い未来研究所」の笹井清範さん、店舗の事例や画像の掲載を快諾してくださったクライアントや事業者のみなさん、同文舘出版の編集担当の戸井田歩さん、最後まで心折れずに書き終えることができたのは、皆さんのご協力があってのことです。

改めて、心からの感謝を申し上げます。

株式会社ファンクリエイション　店舗活性コンサルタント　村越和子

著者略歴

村越和子（むらこし かずこ）

株式会社ファンクリエイション 代表取締役、店舗活性コンサルタント

両親共に百貨店勤務という家庭の長女として、横浜中華街で生まれる。販売職には就きたくないと新卒で水回りメーカーへ就職し、女性初の営業職となる。結婚を機に託児所付きの乳製品販社へ転職。たった1年で関東一大型センター史上最年少最短でセンター長に就任する。モノを「売っている」実感はなく、「どうやったらまたこの人に逢えるか」を考えながら、人を喜ばせる小売業の楽しさに次第に魅了され、両親と同じ業界へ自らも身を置くことになる。業界への探求心から4社12年のマネジメントをしながら、小売業、飲食・サービス業、卸売業、農業、百貨店、ショッピングモール、アウトレットモール、中小独立店に至るまで幅広い業種業態を支援。全国16,500店舗以上を訪れ、43,000人以上に売上改善や売り場改善などの指導をしてきた。2014年、村越和子事務所を創業。2016年、株式会社ファンクリエイションとして法人化。現場叩き上げの「実践型」コンサルタントとして豊富な事例と再現性あふれるコンテンツ提供に定評があり、リピート率は90%以上。現在はコンサルティングをする傍ら、セミナー・講演、執筆活動をしながら全国を飛び回る日々を送っている。

【お問い合わせ】
株式会社ファンクリエイション
https://fun-fan-creation.com
〒231-0861 横浜市中区元町4-168 BIZcomfort元町ビル

■ YouTube「ファンクリエイション公式チャンネル」:
https://www.youtube.com/@fancreationofficialchannel32
■ Facebook：facebook.com/fan.creation.fun
■ Instagram：instagram.com/funfancreation

たった10秒で入店率は決まる！
通行客を来店客に変える「店頭集客」

2024年 5 月14 日初版発行

著　者 ―― 村越和子

発行者 ―― 中島豊彦

発行所 ―― 同文舘出版株式会社

東京都千代田区神田神保町1-41　〒101-0051
電話　営業03（3294）1801　編集03（3294）1802
振替00100-8-42935
https://www.dobunkan.co.jp/

ISBN978-4-495-54158-3

印刷／製本：三美印刷
Printed in Japan 2024